ドトールコーヒー「勝つか死ぬか」の創業記

鳥羽博道

nbb
日経ビジネス人文庫

文庫版まえがき

最近、私のところに持ち込まれる話には「会社を興し、発展させる秘訣を教えてほしい」といった内容が多い。そんなとき、松下幸之助氏の言葉を引用しながら、こう話すことにしている。

「成功するにはコツがある。それは成功するまでやめないことだ」

一九六二（昭和三七）年四月、知人から三〇万円を借りて、小さなコーヒー焙煎業の会社をつくった。わずか八畳一間の事務所と焙煎所と倉庫を兼用する部屋。古い焙煎機一台と中古の軽四輪車を調達して、たった二名の従業員で始めた。

それから四六年――。

創業した株式会社ドトールコーヒーは、売上高約七〇〇億円、従業員約一〇四〇名の会社に成長した。主力業態の「ドトールコーヒーショップ」をはじめ、「エクセルシオール カフェ」や「カフェ コロラド」、パスタ専門店の「オリーブの木」など、さまざまな業態の店を国内外で展開するようになった。

二〇〇七年一〇月一日には、以前から交流のあった日本レストランシステムと経営統合し、ドトール・日レスホールディングスを設立。その傘下に事業会社としてドトールコーヒーと、日本レストランシステムが入っている。統合した結果、連結売上高約一〇一三億円、経常利益一〇〇億円超（二〇〇八年二月期）となり、さらに事業規模がスケールアップした。

八畳一間からここまで成長したことになるが、もちろん順風満帆にきたのではない。何度も危機にさらされた。創業当時、コーヒー焙煎業を営む会社は日本に三五〇社近くあり、ドトールのような零細企業で、いつ潰れてもおかしくないような状況の会社と、取り引きをしてくれる喫茶店はなかなかなかった。

「厳しさの中にも和気藹々《あいあい》とした会社をつくろう」という理想に燃えて創業したものの、独立してみて改めて気づかされたことがある。品質が特別に良いわけではなく、価格が特別に安いわけでもなく、会社の信用もない。営業活動で喫茶店を訪問しても門前払いは当たり前で、商売の邪魔だと怒鳴られることもあった。「倒産」の二文字が頭をよぎる日々だった。

だが、あるとき気がついた。「倒産する、倒産すると思っているから、心が萎縮する。心が萎縮するから思い切って働けない。明日倒産してもいい。今日一日を必死でやろう」と。それからは開き直り、毎日朝から晩まで身体の続く限り働いた。コーヒー豆と一緒に、ひたすら自分の人間性と商売に対する真剣さを売り込みつづけた。すると、ドトールの豆を扱ってくれる得意先が徐々に増えていった。

その二年後にも大きな試練を迎えた。喫茶店を開業する資金として調達した七〇〇万円を、相手に騙し取られてしまったのだ。くわしくは本書をお読みいただきたいが、悔しさをバネに事業での成功を誓うとともに、「うまくいっても驕らない」という教訓を得た。ちなみに、このときの借金を返済するまでに六年の歳月を要している。

コーヒー一杯一五〇円（当時）のドトールコーヒーショップを開業させてからも、大変な危機に陥った。一九八〇（昭和五五）年にＦＣ一号店を原宿で開いたのに続き、どうしても都心に自分の店を持ちたくて青山に直営一号店を出した直後のことだ。

この青山店は資金の関係で立地の悪い場所に出店したため、なかなかお客様が入らなかった。八〇年はまれに見る冷夏だったので「コロラド」など既存の喫茶店の売上げも落ち込む。さらに今後の需要拡大を見越して、船橋に一〇〇〇坪規模の工場までつくってしまっていた。

設備投資の負担と売上げの落ち込みで、夜は悶々として寝つけない。一二時ごろ床に入っても、夜中の二時頃に目が覚める。「倒産」という二文字が、再び頭をよぎる。

こんな日々を送るうち、死んで一年たてば保険金が下りることが分かった。「いよいよとなれば自殺して保険金で清算すればいい」。そう考えたら気が楽になった。死を覚悟すれば、人間は強い。猛烈なエネルギーが湧いてきた。試行錯誤の末、青山店を軌道に乗せた頃には業績も回復。その後、ドトールコーヒーショップを次々に展開することができた。

「勝つか死ぬかの気持ちで物事に当たる」。これは私の事業経営の基本となっている。

現在のドトールコーヒーは、「ドトールコーヒーショップ」のほか、「エクセルシオール カフェ」「カフェ コロラド」「カフェ マウカメドウズ」など、ドトールグループ全体で約一四八〇店舗となっている。だが目的は、店舗数の拡大だけではない。ひとりでも多くの人に、経済的な負担なくおいしいコーヒーの魅力を伝えたかったのだ。おかげさまで、現在は毎日約六〇万人のお客様にご利用いただいている。

高校を中退して一六歳で外食業界に入った私は、一九歳のときに勤務先の会社が直営の喫茶店運営に乗り出す際に、店長を任された。そのとき、喫茶業が世の中に存在する意義は何だろうかと考えた。

そして「一杯のコーヒーを通じて、人々に安らぎと活力を与えるのが喫茶業の使命だ」という思いに至る。この信念に基づいて喫茶店の店長を務めた。

その後、独立してコーヒー焙煎業に注力した後、三四歳の時には「コロラド」をオープンさせて、自前での喫茶店経営に乗り出した。

この時に掲げたコンセプトが「健康的で明るく老若男女ともに親しめるコーヒー専門店」だった。当時の喫茶店は不健全なイメージの店も多く、水商売といわれた。店内は薄暗く、目をこらさないと中の光景が見えなかった。

そんな店ではなく、健康的で明るく誰もが入りやすい店にしよう。小さな一歩だったが「日本の喫茶業を変える」という信念も持っていた。その後にオープンさせたドトールコーヒーショップでも、この思いを持ちつづけた。可処分所得の減少が続くサラリーマンに、おいしいコーヒーを手軽な価格で楽しんでいただきたい思いもあった。

ドトールコーヒーの事業が拡大して、一部上場企業の仲間入りを果たした当社の『社是』には、最初にこんな言葉が書かれている。

「我々は常に最高の品質を追求し、より多くのお客様に喜びと心の豊かさを提供することを使命とする」

また『ドトールコーヒー七つの座標軸』の第一には、次の言葉が書かれている。「喫茶業とは、一杯のおいしいコーヒーを通じて人々にやすらぎと活力を与え、お客様を建設的な方向へと向かわせるものでなくてはならない」

一九歳のときの私の使命感そのものである。これらが完全に実現できているとは思わないが、その実現に向けて必死で取り組んできた。

思うに、人間は「こうなりたいと想ったら、念じつづけて努力をすること」が大切ではないだろうか。

そんな私の体験が少しでも役に立てばと、前回『想うことが思うようになる努力』（プレジデント社）というタイトルで、この本を上梓した。幸い、多くの読者から「勇気を与えられた」といった好意的な声をいただいた。

高学歴で優秀な人が、こうした本を書くと、一般の読者は「私には手が届かない」と思ってしまうものだろう。それが私のような学歴もなく、特別な才能もない人間が書いたものだから、身近に感じて「自分も頑張ろう」と励みにしてくれたのではと考えている。

前回、単行本として世に送り出したのは一九九九（平成一一）年だった。

当時の日本は、山一證券や北海道拓殖銀行などの破綻に端を発した「金融不安」や「雇用不安」で閉塞感が広がっていた。あれから九年たち、日本の経済社会は最悪期こそ脱したが、いまでも違う閉塞感が漂っている。

たとえば「格差社会」のようなものだ。富める者と貧しい者の間に広がる格差。この格差こそが問題だと、多くの識者が話す。

だが私は少し違う視点で、この言葉を受けとめている。格差社会だからこそ、人間は真剣に頑張り、その格差を埋めようとするのではないかと。

一九三七（昭和一二）年生まれの私が、高校中退後に就職した際の初任給は一五〇〇円だった。半世紀以上前のことで、いまとは貨幣価値が違うが、当時の大企業の大卒初任給の四分の一程度である。この給料では、食べていけるかどうかという状態だった。

寝るだけに帰る寮もひどい環境だった。貧しく厳しい日々。それで朝九時から夜中の一時まで働いた。つくづく、私より短い労働時間で給料のよい人をうらやましく思い、何とか追いつこうと頑張ったものだ。

また、現在の日本は「少子高齢化」が進む。この問題もまた、違う視点で考えてみてはどうだろう。子供が少なく高齢者が増えるのは、逆にチャンスなのだと……。当社の事業でいえば、まずは高齢者の方にも親しまれる飲食店をめざしている。

九年前の一九九九年と現在の二〇〇八年とでは、私が身を置くコーヒー業界も大きく変わった。ひとことでいえば、さらに競争は激化している。

ドトールコーヒーに関していえば、主力業態のドトールコーヒーショップだけで一一四七店（二〇〇八年二月末現在）を数えるようになった。かつて社内の合言葉として掲げていた「1255（ワン・ツー・ゴーゴー）」という、ドトールコーヒーショップの目標店舗数が、いよいよ現実的になってきた。

だが競合店の攻勢も激しい。米国からやってきた「スターバックス」が日本に定着して、大変な人気となっている。ドトールとは違うやり方で、独自のメニューや店づくりを提案して、多くのファンを増やしてきた。

スターバックスが注目され始めた頃、私は社内でこう話した。「今後はさらに競争が激化する。だがこれは逆にチャンスだ」と。そう考えて当社でも、エクセルシオールカフェという新業態の店を開発した。これもまたお客様から支持されたが、看板が酷似していると、スターバックスから提訴された。

そこで「すぐに変えよう」と看板を変更した。変えるからにはより良い店舗イメージにしようと、何度も何度も試行錯誤した。看板が似ていると思われたのは、私どもの未熟な部分で申し訳なかったが、提訴を受けたおかげで、店舗を進化させるキッカケとなった。おかげさまで、現在では一七八店舗（二〇〇八年二月末現在）を展開するまでに成長した。

スターバックスに関しては、こんなエピソードもある。現在のドトールコーヒー社長である私の息子・鳥羽豊が、米国のスターバックスに行った。すると米国本社の副社長が出てきて、彼にこう話したという。「私はあなたのお父さんを崇拝する。なぜならあなたの父は、アジアの喫茶店の革命者だからだ」

私が崇拝に値する人間だとは思わないが、こんな言葉で競合企業を尊重する米国文化の奥深さを感じた。同時に、当社も米国のスターバックスから多くのことを学んだ。

国内に話を戻そう。昔からある「町の喫茶店」が減りつづける一方で、「昔ながらの喫茶店」をコンセプトに掲げ、来店客を増やしている店もいくつかある。映画『ALWAYS・三丁目の夕日』ではないが、慌ただしい時代だからこそ、逆にホッとするのだろう。失われた過去への郷愁もあって、懐かしさを感じる人々の心に、店の魅力を上手に訴求している。

競争激化は喫茶業界だけの戦いにとどまらない。ファストフードの大手ハンバーガーチェーンでも、コーヒーに力を入れる店が増えた。ネット社会の進展により、通信販売でコーヒー豆を売り、成果を上げている店も多い。

それでも競争激化は、業界の健全な発展のためには歓迎すべき面があるのだ。

私が好きな徳川家康が、軍旗で使用した言葉に「厭離穢土《えんりえど》・欣求浄土《ごんぐじょうど》」というものがある。

この意味は「乱れたこの世を離れ、極楽浄土に往生する」という意味だが、家康は殺りくのない太平の世を願ったのだと思う。権力維持という目的はあっただろうが、そのために江戸幕府を開き、参勤交代など戦争の起きないシステムをつくったと、私は考えている。

織田信長が軍旗で掲げたのは「天下布武《てんかふぶ》」であり、武田信玄が掲げたのは「風林火山」である。いずれも有名な言葉だが、戦いの発想だ。だが自らの力だけに頼る思想は、いつかは力に負ける。家康の掲げた「世のため、人のため」という使命が正しかったからこそ、多くの人々の賛同を得られ、江戸幕府は二六五年も続いたのである。

スケールは違うが、一九歳で任された喫茶店の店長時代に考えた「喫茶業の使命」も同じだと思っている。現在私は七〇歳だが、この考えはまったく変わっていない。

最初に正しい願いやポリシーを持ったからこそ、半世紀以上にわたりコーヒー業界に身を置くことができ、ドトールコーヒーも発展できたと思っている。

今回、文庫化するにあたり、書いた内容を見直してみた。しかし、ほとんどは単行本発刊時のままにした。当時の雰囲気を伝えたいのもあるが、私の信念がまったく変わっていないからでもある。

現在ビジネスの第一線で活躍する人だけでなく、これからを担う若い世代に対しても、私のささやかな経験が何かの参考となれば幸いである。

二〇〇八年八月

ドトールコーヒー名誉会長　鳥羽博道

まえがき

一九八〇年代以降の日本は、まさに絶頂期からどん底を這うようなところまで、実にさまざまなことを体験してきた。言い換えれば、日本国中がラスベガス化した一〇年、さらには暗雲立ち込める一〇年でもあった。その過程で企業経営者は、何をしたら経営を狂わせてしまうのか、身をもって学ばされた。投機という目先の利益に翻弄されるのではなく、将来起こるであろう経営環境の変化に備えて、営々と本業の深化に努力しつづけること。それが企業を常に成長させることになり、どんな不況にも負けない強い体質の企業を生み出すことになるのではないかと思う。

私たち経営者に求められているのは、何ものにも負けない強い意志であり、正しい理念、高い理想、夢を抱いて成長を続けていこうという気概であろう。人間は探究心、向上心を持ちつづけることによって常に成長を遂げることができる。逆に、それらを失った瞬間に、成長は止まり、いつしか敗退していく運命にある。だから、敗北者にならないためにも、こつこつと努力を続けて、勝ちつづけていくしかない。

私の頭の中には「経営五目並べ」という考えがある。五目並べをやられた経験のある方はお分かりだと思うが、五目並べに勝つためには常に「四、三」「四、三」と石を打ちつづけて相手を追い込んでいく必要がある。気を抜いたり、一手あけてしまったりしたら、今度は相手に有利なかたちでゲームが展開されてしまって、後手後手と防戦一方になってしまう。だから、そうならないために絶えず先の展開を読んで、常に自分が有利なかたちでゲームを展開していかなければならない。

私自身の歴史、ドトールコーヒーの歴史もまさにこうした戦いの連続であった。一九五四（昭和二九）年秋、当時一六歳でまだ高校一年生だった私は些細なことから父と衝突をして——非は私ではなく父のほうにあったのだが——父に追われるようなかたちで東京に出てきた。そして、新宿の洋食店を皮切りに何軒かの喫茶店、レストランで働いた。一八歳のとき、請われるままにコーヒーの焙煎業の会社に入り、喫茶業界で働くことの意義に目覚めていった。

その後、私にとっては衝撃的な出来事から私は自分で会社をつくろうと考えた。「厳しさの中にも和気藹々たる会社」。私の考える理想の会社を実現しようという強い感情が私を突き動かし、コーヒーの焙煎・卸会社、ドトールコーヒーを設立したのは六二（昭和三七）年のことだった。ブラジルから帰国して一年、人脈もない、経営能力もない、資金もない、文字どおりの〝ないない尽くし〟。あるのはただ先ほど述べた理想だけだった。端から見ればきわめて無謀とも思えるような出発だった。倒産の危機を絶えず感じながら私は一日一日を精一杯働いた。そして、会社設立から二年ほど経ち、ようやく「明日の倒産」という危機から抜け出すことができるようになっていた。

私がコーヒー豆の焙煎・卸から一歩進んでコーヒーショップ経営に乗り出したのは七二（昭和四七）年のことだった。当時の喫茶業というと、私が考えるに、実に非効率な商売のように思えた。退廃的で不健康なイメージの店が多かったのである。そのまま進めば確実に日本の喫茶業は衰退してしまう。私の危機感は並大抵のものではなかった。何がなんでもそれは避けたい。そのためには自ら日本の喫茶業に革命を起こさなければならない。その思いが「健康的で明るく老若男女ともに親しめる」というコンセプトのコーヒー専門店「カフェ　コロラド」を誕生させ、日本の喫茶業界に新風をもたらすことにつながった。

さらに、一杯一五〇円の立ち飲みスタイルの「ドトールコーヒーショップ」を開いて日本の喫茶業に新たな大きな流れをつくったのは八〇（昭和五五）年のことであった。その後、ドトールコーヒーショップは日本における新しいコーヒーショップのモデルとしての地位を築き上げ、今日に至っている。

われわれはそれ以降も「オリーブの木」「エクセルシオール カフェ」など、その時代時代の変化に対応して新たな業態の開発を手がけて、バブル経済が崩壊した九〇年代においても成長を続けてきた。九一年にハワイ島に念願の自社農園「マウカメドウズ・オーシャン」を開設、九五年に同じく、「マウカメドウズ・マウンテン」を開設して、その翌年に自社農園で生産したコナコーヒーを飲んでいただく、ハワイアン風コーヒーショップ「マウカメドウズ・コナコーヒーガーデン」を東京・池袋にオープンすることができた。

また、九八年末には銀座四丁目に「ル カフェ ドトール」というコーヒーショップをオープンさせ、さらには、渋谷に自社ビルを購入して、九九年五月に本社移転を実現した。気がつけば売上高は三五〇億円（九九年三月期）に達し、このままいけば一〇〇〇億円企業も夢ではないと思えるようになった。

と同時に、ここ一両年でドトールコーヒーに大きな変化が生じてきている。これまで外部に対してこつこつと働きかけて、お客様、お得意先の信頼を高めていくことに努力を積み重ねてきた結果、その力が今度は外部から内部へと働くようになってきた。「ドトールのブランドで商品を店に置いてほしい」「ぜひともうちに出店してもらいたい」といった依頼が多くなってきたのである。

また同時に、テレビ、新聞・雑誌の取材依頼、さまざまな企業・団体からの講演依頼もここに来て急増している。

「ドトールコーヒーショップの成功の秘密はどこにあるのか」

「ニュービジネスで成功する秘訣はどこにあるのか」

「常に成長しつづける強い企業体質はどのようにしてつくり上げたのか」

そうした質問をたびたび受けるようにもなってきた。ただ、そうした取材、講演依頼に対しても、自分自身、大したことをやってきたわけではないと日頃思って、できうるかぎりお断りしてきたのだが、どうしてもと依頼された場合には、「大したことは言えないけれども、私のことで少しでもお役に立つことがあれば」という思いからお引き受けしている。ところが、私の話を聞いた多くの方々から、

「生きる勇気を与えられました」

「元気が出てきました」

というような思いもよらないお便りや感想をいただき驚いている。

「自分自身は特別勇気も才能もある人間でもなく、誰にでもできることをやってきただけなのに……」という思いがあるから、なおさらだ。しかしながら、よく考えてみると、私のような心配性で勇気のない人間でもやり方次第、考え方次第ではこれくら

いはできるのではないかということで、勇気が湧いてきたり、元気が出てくる人がいるのかもしれない。もし、本当にそうだとしたら、私がこれまで歩んできた道、どういう願いをもって企業経営にあたっているのか、そうした思いをお話しすることもあながち無益なことではないだろう。

閉塞感の蔓延する今の日本人が見失っているのは、冒頭にも述べたように夢を抱くことの大切さ、それを何がなんでも実現しようとする強い気概ではないだろうか。ひとりでも多くの経営者、ビジネスマンが高い理想を掲げ、目標に向かって努力を続けていくことが質の高い競争を生み出し、日本経済を活性化させ、ひいては豊かで住みやすい日本をつくることにつながるのではないかと私は思っている。

本来、私は本を出版するような人間ではない。単に人生における成功を勝ち取るため、一日一日、渾身の力を振り絞って、「自分の想うことが思うようになる努力」をしているひとりにすぎないと思っている。しかし、過去に商売がなかなか思うようにいかず失意の中にあったとき、私の手元には常に一冊の本があった。成功過程の中で苦しみもがいて努力をしている様をありのままに綴ったその本を、それこそ表紙が破れそうになるまで何度も何度も読み、どれほど元気づけられ、勇気づけられたことだろうか。

今回、出版社からの強い勧めもあり、たとえわずかでも、創業まもない方々の、また、現にビジネスの現場で日々、努力している若い方々の一助になることを願って、勇気を奮って筆をとることにしたのが本書である。本書を手に取られ、たとえ何人かの方であろうと、元気になり、勇気が湧いてくる方がおられれば、筆者としては望外の幸せである。

一九九九年一一月

鳥羽博道

ドトールコーヒー「勝つか死ぬか」の創業記●目次

第二章　一六歳で飛び込んだ喫茶業界

第三章　ドトールコーヒーショップ設立まで

第四章 危機感が人間を突き動かす

第五章 一五〇円コーヒーの顧客第一主義

第六章　フランチャイズを成功させる要点

第七章　こだわりこそ成長の原点

第八章 想うことが思うようになる努力

編集協力　高井尚之

第一章　夢を与えつづけることが企業の使命

目指すは「幸福創造業」

（こんなに雄大で美しい光景を眺めながらコーヒーを楽しむことができたら、なんと素敵なことだろう。そして、こんなに恵まれた自然環境の中に自社農園を持つことができたら、どんなに素晴らしいことだろう）

原色の花々が咲き乱れ、小鳥たちがさえずり、爽やかな風が頬を優しく撫でていく。眼下には紺碧の海がどこまでも続く。なんという至福のひととき。眼前に展開される風景の美しさ、そして、そこで過ごしたひとときの心地よさに、私は大きな感動を覚えた。世界のリゾート地を数多くめぐってきた私にとっても、まさにハワイは「地上の楽園」と呼ぶにふさわしいところだった。

一九九一（平成三）年、私は世界のグルメコーヒーを代表するコナコーヒーの産地をこの目で見てみようと、ハワイ島に向かった。ドトールコーヒーショップは設立からすでに一一年が過ぎ、お客様の支持を得て順調に育っていた。私は青年時代の遠き日にブラジルで抱いた「いつか自分もコーヒー園の農場主になりたい」という大きな夢を今こそ現実のものにしようと、この地を訪れていた。

コナ空港から二〇分ほど車を走らせると、ファラライ山の中腹に至る。その一帯はブルーマウンテンと並び称されるほど良質な、つまり、世界で最もおいしい、コナコーヒーの産地として知られている。とくに、ホルアロアからホナウナウへと続くなだらかな帯状の丘陵は〝コナコーヒーベルト〟と呼ばれ、コーヒー業に携わる世界中の人間にとって羨望の地なのである。なぜなら、そこにはコーヒーの栽培にはこれ以上望むべくもないほどの恵まれた自然条件が備わっているからだ。

有機質をたっぷり含んだ土壌。朝には燦々と降り注ぐ陽光と、穏やかな海風。昼過ぎに訪れる通り雨。そして午後になると真っ白な雲が湧き立ってコーヒー農園を覆い、心地よい天然の日陰のもとでコーヒーの木々がすやすやと昼寝のひとときを迎え、夜にはひんやりとした山風に包まれる。コーヒーの生育にとってはまるで楽園のような自然環境なのである。しかも、幸せなことに、こうした自然の恵みが毎日、まるで時計で計ったかのように繰り返される。われわれにとっての地上の楽園はコーヒーたちにとってもパラダイスなのだ。

ここしかない。ここにドトールコーヒーのパラダイスをつくるのだ。土地購入、設計など具体的なことはまだ日本に帰ってからのことであった。だが、私には恵まれた自然環境にあるドトールコーヒーの自社農園の中で、白い花を咲かせたコーヒーの木や、チェーンの方々や社員が赤く熟した実を収穫する光景を思い描くことができた。

　全身を震わせるような思い、遠き日に抱いた夢はその年に実現された。コナコーヒーの産地、ハワイ島コナ地区に「マウカメドウズ・オーシャン」を開設したのだ。そして、その四年後の一九九五（平成七）年には「マウカメドウズ・マウンテン」という、ふたつ目の自社農園を開設した。敷地面積にして延べ二〇万坪強。実に後楽園遊園地一六個分になる。若き日に日本の裏側、ブラジルで描いた夢は約四半世紀を経て正夢となった。

（この農園で世界一おいしいコナコーヒーをつくろう。いや、それだけで終わらせてはもったいない。ここに世界でも例を見ないようなコーヒー観光農園をつくり上げよう）

　私の夢はさらに大きな夢となって膨らんでいった。

　日々働きつづけていると、毎日そんなにうれしいことばかりではない。むしろ苦しいことのほうが多い。だからこそ、ドトールコーヒーの農園を通じて、私は多くの人びと、チェーンの方々、社員、さらには観光客の人たちの「働きがい」「生きがい」をつくりたいと考えたのだった。多くの人たちがわれわれの農園を訪れ、そして、「また必ずここに来よう」という思いで帰っていただく。そうした本当のパラダイス、本当の楽園をつくり上げたいと思ったのである。

そこで農園内に、ブーゲンビリア、ポインセチアなどの花々で埋め尽くされたフラワーガーデンや、プルメリアの美しい林をつくり、さらに、パパイヤ、マンゴー、パイナップルなど、約三〇種類の果物の甘い香りに包まれるフルーツガーデンをつくった。そして、この農園を観光客をはじめ多くの方々に開放することにした。大きなモンキーパームが自然の日傘になってくれるバーベキューガーデン。ここでのパーティの心地よさは時間を忘れさせてくれるほどの幸福感を、文字どおりお腹いっぱいに味わわせてくれる。

さらに、ここを訪れた人たちが自分だけのコーヒーの木を植樹できるようにした。自らの手で「マイ・コーヒー」の苗木を植える。その木の前には日付と名前が刻まれたメモリアルプレートが立っている。「今ごろハワイの空の下で、私の木が白い花を咲かせ、真っ赤なコーヒーの実が鈴なりになっているんだろうなあ」と、遠くの日本で思い描くことができるなんて、なんと素敵で夢のあることではないか。

さらには今、自社農園内に結婚式場をつくろうと考えている。ハワイの雄大で色彩豊かな自然を背景に、池の噴水で十字架を演出する。そこで新郎新婦が永遠の愛を誓う。そうした光景を想像しながら、計画を進めているところだ。

ひとりでも多くの方々がドトールコーヒーの農園を訪れる。そして、楽園を満喫した人たちの、感嘆と歓声とため息を耳にする。それが私の心からの喜びになっている。ひとりでも多くの人たちが幸せを感じてくれる、われわれドトールコーヒーが目指すべきはまさに「幸福創造業」と言ってもいいだろう。

日本一の高立地に進出を果たす

私がハワイ島に自社農園「マウカメドウズ・オーシャン」を設立したのは一九九一（平成三）年、そして、九五年には「マウカメドウズ・マウンテン」を設立した。それはバブルが崩壊して、日本経済が急な下り坂を転がり落ちていく、まさにその時期のことであった。

その後も日本経済は悪化の一途をたどり、山一證券の廃業、長銀・日債銀の破綻などで景気は一気に奈落の底に転落した。企業の倒産件数、雇用環境ともに史上最悪の数字を記録して、九八年は戦後経済の中で最も暗い一年になってしまった。

日本の企業の多くにとって九〇年代は暗黒の一〇年となってしまった。だが、ドトールコーヒーにとっての九〇年代は、逆に着々と成長を遂げた一〇年であった。とくに多くの外食産業、小売業が一〇～二〇パーセントの減益を余儀なくされた九八年も大幅な増収増益を達成することができた。

ドトールコーヒーを設立して四六年、その過程は不安と危機感の連続であった。足らざるものをいかに補っていくか。コーヒーの品質をいかに高めていくか。お客様にいかに安らぎと満足を提供していくか。そうした努力に全身全霊を傾けてきた結果、今、なんの憂いもない状況を迎えて、私自身、どうやら人生の第一ラウンドを終えたなという、心穏やかな心境に至っている。

そして、ドトールコーヒーは新しい時代に向けて走りはじめた。九八年から九九年にかけて、われわれにとって大きな出来事だったのは、二一世紀につなげるという意味で大きな果実をふたつも実らせることができたということだ。

まず第一に、九八年一二月、新業態のコーヒーショップを銀座・三愛ビルの一階にオープンしたことだ。「ル カフェ ドトール」という、それまでの喫茶店のさらにワンランク上をいくコーヒーショップだ。一二月ということもあって、街の至るところに色鮮やかなクリスマスネオンが飾られていたが、どんなオブジェやデコレーションよりも「ル カフェ ドトール」は通りを行く人たちの視線を惹きつけていた。そして、オープン以降、常に空席がないほど、次から次へとお客様が来店して、われわれのコーヒーを飲みながら、有意義なひとときを過ごしてくれている。

銀座・三愛ビルと言えば、銀座四丁目交差点の一角に建つ、日本を代表する商業スポット。そこにテナントとして出店するということは最も収益力の高い業態であることの証でもある。ドトールコーヒーを設立してから三七年、「カフェ　コロラド」をつくって喫茶店経営に乗り出してから二七年、ついに日本一の高立地にドトールコーヒーの看板を掲げるまでに至った。

もうひとつの果実とは、九八年末に渋谷に本社ビルを購入して、九九年五月に本社移転を果たしたことだ。これからは情報発信地としての本社機能が問われてくる。また、イメージ、アイデアなど、ソフトの部分で社員の能力が問われてくるようになり、企業が成長するためにはセンスとアイデアが求められてくる。そうしたときに渋谷という街はすでにいる社員にとって大きな刺激となるだろうし、新卒採用の面でもより個性的な人材が獲得できるだろう。

「孟母三遷」という言葉がある。孟子の母は息子の成長段階に合わせて、三度転居したという。企業が成長発展していくにつれ、本社というものもそれに相応しい体裁を備えていかなければならないと、私は常々考えている。本社というのはある意味でその企業で働く社員たちの心の変化をつくり出すうえできわめて重要なことだと思う。

社員の意識改革が時代に対応した変化を会社にもたらすことになると言っても過言ではないだろう。

ドトールコーヒーはその発展段階に応じて、何度か本社を移転している。一九六二(昭和三七)年、芝松本町に設立した当初はわずか八畳一間の木造社屋だった。その後、事業が拡大していくにつれ、東麻布、芝浦へと移転した。その芝浦の本社もいよいよ手狭になり、どこかいいところはないものかと探していたところ、渋谷駅から徒歩五分という願ってもないところに本社を構えることができた。

九九年八月一五日付けの「日本経済新聞」に、「シブヤ経済圏の実力」という記事が掲載されていた。それによると、ここ数年の間に、ジーンズメイト、ダイヤモンド社、セコムなど、多くのソフト産業、サービス業が続々と本社を渋谷に構えているという。これまでは日本企業の本社機能というと、大手町、丸の内、あるいは新宿などが中心となっていたが、二一世紀をリードするベンチャー・ビジネスの中心地として渋谷がこれまで以上に注目を集めてくるだろうと言われている。

実は、渋谷の本社ビルの一階に、これまでにない、新しいタイプのコーヒーショップを九九年一〇月二九日にオープンさせた。店の外側に緑豊かな庭園を配して、店内に高さ一メートル七〇センチほどの噴水を設ける。さらに二〇〇席を超える店内の中央にグランドピアノを置く。ふだんは自動演奏にしておいて、時にはプロの演奏家に弾いてもらう。都会の雑踏の喧騒の中で、お客様にひとときの心休まる時間を過ごしていただきたいと思っている。

銀座に新業態の喫茶店をオープンさせる。渋谷に本社ビルを構える。そうしたことを一つひとつ実現していくことで、また新たなエネルギーが湧いてくる。ハワイ島のコーヒー観光農園で、現存の農園に地続きで二八エーカー（約三万五〇〇〇坪）をさらに開発していく計画だ。

私の好きな詩に、「人生は夢を持って、それを全情熱で追い、決してごまかしたりへこたれたりせず、全精力を持ってやり抜くことである」という詩がある。夢を抱いて、こつこつと努力を積み重ねていきながら、その夢を実現していく、人生とはまさにその繰り返しではないかと思っている。

世の中に活力を与えつづけることこそ企業の使命

ここ数年、日本の企業の多くが縮み志向、内向き志向になってしまって、自分たちが生き残ることだけしか考えられなくなっている。だが、それは企業だけの問題ではない。悲しいかな、日本の社会全体が夢や安らぎや活気を持てなくなってしまった。

世相がここまで暗くなってくると夢が持ちにくくなるのもたしかに事実だ。だが、こうしたときこそ、夢を抱いて明日を切り開いていこうという気概を強く持たなければならない。そもそもサービス業、喫茶業というものは常に世の中に夢を与えつづけ、活力をもたらす存在でなければならない。世の中に夢、安らぎ、活力を提供して、それでお金をいただいているのである。

だからこそ、どんなに苦しい時期であろうとも、お客様に夢を与えるために、そして、企業で働く社員に働きがいを与えるために、企業は常に成長を続けていかなければならない。「未曾有の不況だからしかたない」とか「減益は他社も同じだ」とか、経営者である以上、絶対に言い訳や弱音を口にすべきではない。「他社が赤字だろうとなんだろうと、自分たちだけは成長しつづけ、お客様に夢を与えていくんだ」という、強い意志、気概を持ちつづけたい。

一九九八（平成一〇）年のことになるが、企業にとって成長を続けるということがいかに大事であり、不可欠であるかということを改めて感じさせられた出来事があった。

ドトールコーヒーの中途採用試験に応募してきた人の中に、着物業界の大手企業に勤めている人がいた。その人は、まだ面接をしてもらえないことから、ぜひ面接をしてほしいと、私宛てに直接手紙を書いてきたのである。その手紙には彼の切々とした思いが綴られていた。不況の影響で会社からますます活力がなくなっていくばかりで、成長のための営業ではなく、企業体力をできるだけ消耗すまいとする後ろ向きの営業に不満を抱き、ドトールコーヒーで活力に溢れた前向きの営業に寝食を忘れて取り組んでみたい、と書かれていた。

また、私の知り合いの経営者からはこんな話を聞いた。その方は業績の落ち込んだ会社の再建を請われてその会社にやってきた。ところが、いざ来てみると、その業績たるやあまりにもひどく、いつ倒産してもおかしくないような状況にあったという。そのときはあまりのひどさに会社の玄関をくぐるのさえいやになったそうだ。そこで、その経営者は毎朝玄関を入るときに、軍艦マーチを歌って自分に気合いを入れて会社に入っていったということだ。

そのうちに年々業績が好転していくにつれて、次第に会社も明るさを取り戻していった。私も年に何回かその会社を訪れるのだが、これは如実に表われていた。まさに、元気のないときの空元気。業績不振に陥ったとき、逆境に追いやられたときに、自分の心まで萎えてしまうか、それとも自らを奮い立たせるか、これは大きな違いだ。

お客様の支持を得られないような企業は成長もしないし、利益を生み出すこともできない。そればかりではない。そのうちそこで働く人間までが暗くなって、ついには会社全体が幽霊屋敷というような状況になってしまって、どんどん悪循環に陥ってしまう。常に明るく活力の溢れた企業でなければ、個人個人の能力がいかに高くても、企業そのものが活力を失ってしまい、成長を失ったときにはその能力のある人間まで殺してしまうことになりかねない。だから、何がなんでも企業というのは成長し、利益を出しつづけ、常に夢を提供し、明るい状況をつくっていかなければならない。

どんな向かい風でもヨットは前に進む

第二次世界大戦後、日本経済は発展に次ぐ発展を遂げてきた。ある時期は繊維産業であり、鉄鋼であり、造船であり、またある時期は――現在でもそうだが――自動車であり、家電・エレクトロニクスであり……。そうした産業が基幹産業として日本経済の牽引役を担ってきた。そして、いつのまにか世界中から〝日本の奇跡〟と称賛と妬みの混ざったような目で見られるほど、日本は経済大国になり、一時的にせよアメリカ経済をも凌ぐほどになった。

しかしながら、戦後四〇年経ち、一九九〇年代に入ると途端に翳りが見えてきた。八〇年代までは日本のリーディング・カンパニーと称賛された多くの大企業が、いま青息吐息の状態に陥っている。それに代わり、次代の日本経済を牽引する産業として通信、情報産業に大きな期待が寄せられている。だが、そうした期待の一方で、これからはひとつの産業が日本経済を牽引することはできないだろうとも言われている。いずれにせよ、はっきりしていることは、日本経済がこの不況を脱したとしても、すべての企業が再び成長軌道に戻るというような時代は訪れないだろうということだ。

企業が直面している経営環境変化のひとつに、「レースの時代」から「ゲームの時代」に変わってきたということがよく言われている。「レースの時代」というのは、同じ競争をしていて一番、二番、三番というように、順位が決まるだけである。一番でなくとも、二番でも三番でも、あるいは入賞できなくても、それなりに生き残っていくことはできる。一方、「ゲームの時代」というのは勝ち負けの世界なのである。つまり、倒すか倒されるか、勝つか負けるかで勝負が決まるわけで、大小問わず、よほどしっかりした体質をもった企業でないかぎり、生き残っていくことは難しい。

最近になってその傾向がより顕著になってきたと身をもって感じている。そうした「ゲームの時代」を象徴するのが、最近マスコミにもしばしば報道される自動車業界、金融業界、あるいは石油業界、タイヤメーカーの世界的規模の再編などである。今、世界先進各国は自由競争というかたちで競争を熾烈化させることで、経済を活性化させようという方向にどんどんと動いている。日本もそうした波にもはや無縁ではいられない。

さらにそうした傾向に拍車をかけるのが規制緩和だ。アメリカ、ヨーロッパに遅れること一〇年、日本でもようやく規制緩和が進みはじめ、今後ますます強まっていくばかりだ。だから、そうした潮流にうまく対応できる企業のみが成長を約束され、対応できない企業というのはマーケットから退場を宣告され、ひいては倒産していく運命にあると言っても過言ではない。環境に適応できない企業は滅び、適応できうる企業のみが生存を許される。自然淘汰、適者生存、弱肉強食の世界。そうした自然界の法則は企業にとってもまったく同じことが言えるだろう。

こうした厳しい競合状態の中で、いかにして新しいマーケットを開拓していけばいいのか。また、いかにして取引先を拡大していけばいいのか。それには一層の努力と知恵が必要になってくる。これは決して容易なことではない。ただ、忘れてならないのは、ヨットは向かい風でも前に走るということである。風を読み、何枚かの帆を巧みに調整することによってどんな向かい風の中でも前に進むことができるのだ。

ドトールコーヒーの社歌に「川の流れの真ん中を行く」という文言がある。私は川の端で渦巻いている流れのような生き方だけはしたくない。川の真ん中をとうとうと流れつづけていこうと願っている。たしかに、それは難しいことではある。だが、私にとっては川の端を渦巻いて流れているほうがはるかに苦しいことなのである。それは私にとって敗残者であり敗北者であるからだ。

自分の存在を脅かす強敵が現われたら、いかに全勢力を注いでそれを退けるか。もし、全勢力を注がずに負けてしまったら、川の真ん中の流れを譲ることになって、相手が川の真ん中をとうとうと流れていくことになる。それを黙って見ているのは屈辱に他ならない。だから、常に全勢力を注いで戦っていかなければならない。ドトールコーヒーの歴史というのは、まさにその繰り返しと言うことができるだろう。

第二章　一六歳で飛び込んだ喫茶業界

父と衝突し、ひとり東京へ

私の父は一九〇六（明治三九）年に生まれた。祖父が特別な資産家というほどではないものの、埼玉県の花園村（現在の花園町）に五町歩ほどの田畑を持ち、関東大震災が起こるまでは東京、千葉などに薪や炭を売るなど、わりと手広く商売をしていたので、父はこれといって不自由のない家庭環境に育った。

東京美術学校（現在の東京芸術大学）で学んだ後、父は画家になるという夢を追いながら、その一方でいくつかの商売に手を出したが、どれも成功しなかった。ただ、豪放磊落《ごうほうらいらく》な性格で何度失敗を繰り返しても、それで悲観したり諦《あきら》めたりするような人間ではなかったが、生活力はきわめて乏しい人だった。

一方、一九三七（昭和一二）年に生まれた私は、父とはまるで正反対の環境で育った。母は私が九歳のときに病気のため他界してしまって、父と私と、そして姉と弟がそれぞれふたりずつの六人家族の生活は決して楽なものとは言えなかった。父はその後、「鳥羽美術義眼製作所」をつくって、日本人形の眼をガラスでつくる仕事を始めていた。さすがに美術学校出身だけあって、その製品は高く評価されていた。

ただ、ひとつ困ったことがあった。ものをつくることにかけては才能を大いに発揮した父であったが、金銭感覚に乏しく肝心な商売には不向きな性格だった。そのため私は、人形の眼を売り歩き、商売に関する金銭のいっさいを預かり、中学を卒業するころには私が一家の中心的な働き手になっていた。

一九五四（昭和二九）年、私が深谷商業高等学校に入学してからも、その生活になんら変わりはなかった。そんな秋のある日、いつものように人形の町・岩槻に商品を卸しに行ったあと、私は父とふたりでその日の売上げを集計していた。しかし、どうしたものかその日にかぎっていくら計算をしても収支が合わなかった。何度も算盤を弾いていると、それまで黙って見ていた父が突然、

「この腰抜けが」

と声を張り上げた。なかなか計算が合わないことに業を煮やした父が私のことを罵ったのだ。父に小言のひとつやふたつ言われることなど慣れてはいたのだが、そのときだけはなぜか我慢ができなかった。

「そっちこそ腰抜けじゃないか」

と私はつい口答えをしてしまったのである。

すると父は黙って立ち上がり、日本刀を手にした。私の家は以前に刀剣商を営んで

いたこともあり家に何本か日本刀があったのだが、怒り心頭に発した父がそのうちの一本をおもむろに抜き、上段に振りかざした。父の鋭い眼光と、裸電球の光を受けて鈍い光を放つ剣先。もちろん本気で斬るつもりなどなかったのだろうが、恐れおののいた私は、次の瞬間に体の向きを変えて、脱兎のごとく逃げ出していた。

気がつくと、私は裸足のまま外に飛び出していた。その足で約一五キロ離れた親戚の家に行き、叔父からいくばくかの小遣いをもらって、私はその日のうちにひとり東京へと向かった。日頃から父の生き方に不満が募っていたから、謝って家に戻るつもりは毛頭なかった。もちろん、高校を中途退学する覚悟はできていた。そして、遠ざかる故郷を眺めながら、私は固く誓ったのである。

（自分の友達や学友はみなぬくぬくと高校、大学を卒業するのだろう。そして今、自分は社会に出ようとしている。六年半経って彼らが社会に出てくるとき、絶対に彼らには負けたくない）

友人たちの生活を羨む気持ちがどこかにあって、そうした思いにつながったのだろう。ただ、こうした負けず嫌いな性格が、私自身が成長していくうえで大きな原動力のひとつになったことは間違いないだろう。

生きていくために飛び込んだ喫茶業の世界

東京に出てきて三、四日、私は叔母の家に厄介になっていた。だが、自らの決意で飛び出してきたのだから、そうそう甘えているわけにはいかない。生きていくためには自分で稼がなければならない。そこで新宿の駅前にあった「キッチン清水」というレストランでコックの見習いとなり、住み込みで働くようになった。私に与えられた仕事はお客様に出す料理の仕込みと、コック長にコーヒーを用意すること。月給は一五〇〇円、当時の大企業の大卒初任給の四分の一程度だった。

コーヒーを生まれて初めて飲んだのは、実はキッチン清水に入ってからのことだった。当時、GIから横流しされた物品の中にMJBという缶入りのコーヒーがあって、それを業務用のコリーという大きなサイフォンでたてて飲んだのだ。缶詰独特の、酸化した日向《ひなた》臭さ。干し草とまでは言わないけれども麦藁のような匂いがプンプンとしたのを今でもよく覚えている。まずいとも思わなかったし、格別おいしいものだとも思わなかった。「これがコーヒーか」という感覚だった。ただ、西洋の文化、おとなの世界に一歩足を踏み入れたような、少しくすぐったい思いがした。

コーヒーがおいしいものだと感じるようになったのは、その次に勤めた、お茶の水の「十字屋」というレストランに入ってからのことだ。十字屋ではコックの席がなかったのでバーテンを任されていたが、朝一番にコーヒーをいれるのも仕事のひとつになっていた。十字屋にはアーンというコーヒー抽出機があった。上から沸騰したお湯を入れてドリップする本格的なもので、このとき飲んだコーヒーは本当においしいと思った。缶の粉コーヒーではなく、日本でコーヒー豆を焙煎したもので、なんとも言えない香りがした。

一杯のおいしいコーヒーは私の仕事に対する取り組み方を大きく変えた。それまではただ漠然とコーヒーをいれていたようにも思う。だが、それからというもの、毎日コーヒーをいれるのが楽しくてしょうがなかった。昨日よりも今日のコーヒーのほうが味がまろやかだとか、どうしたらもっとおいしいコーヒーがいれられるようになるかとか、コーヒーの味に私はすっかり魅了されてしまった。「生きていかなければ」という思いからたまたま飛び込んだ喫茶業界。その世界で働くことに少しずつやり甲斐を感じはじめていたのである。

負けず嫌いな性格が赤面対人恐怖症に打ち勝った

東京に出てきて二年が経ち、一八歳になっていた私は、コーヒー豆の焙煎・卸業の会社に入った。以前、私がある喫茶店で働いていたとき、そこにコーヒー豆を卸していた鈴木社長が私の働きぶりに目をつけたのである。

入社して、社長からコーヒー豆の営業をやるように言われたとき、私は少なからず動揺した。というのも――人からはそうは見えないと言われているが――私は赤面対人恐怖症だったからだ。歳をとって多少の図々しさは出てきたかもしれないが、今でもその性格は基本的には変わっていないと思っている。

他人と面と向かって話すと途端に汗が噴き出てきて、見る見るうちに赤面してしまうような内向的な性格。そんな人間がセールスを任されて、日々飛び込みでコーヒー豆を売り込まなければならないのだから、これ以上つらい仕事はなかった。何日経ってもいっこうにコーヒー豆は売れなかった。こんなにつらい思いをするのなら、いっそのこと会社を辞めようかと何度も思い悩んだ。

（人生の敗北者）

思い悩む私の脳裏に浮かんだのはそんな残酷な言葉だった。もし、ここで赤面対人恐怖症から逃げて会社を辞めてしまったら、私は自分自身に負けたことになってしまう。これから先の長い人生において、いつでもどこでも、何をするにしても、赤面対人恐怖症がつきまとって、そのたびに私は逃げ出してしまうことになる。

私はそんな人生の敗北者にだけは絶対になりたくなかった。赤面対人恐怖症という性格以上に、私は、前にも述べたように実は負けず嫌いな性格だったことで、その問題から逃げるのではなく、真正面から取り組んでより良い方向に昇華していこうと前向きに考えることができた。

どうしたらよいかさんざん考え抜いた末、私は次のような結論に至った。「セールストークが不得手であるのなら、無理してコーヒーを売り込むことはない。それよりもまず、その店のために役立つことをしよう」。そう考えることにしたのである。汚れた皿を片づけたり、残飯を捨てたり、出前の多い店ではその手伝いをしたり。さらには、デパートに行って厨房機器や台所製品をチェックして、お店のカウンター内の仕事がしやすいように役立つものを買ってくるようなことをやり、お客様の喜ばれることならなんでもやった。

先方がうれしいと思ってくれそうなことを探して、自ら進んでやる。そうすると、黙っていても人はよく見ていてくれるものだ。ある日、日本でも有名なレストランの支店が大手町に出店することになった。当然のことながら、各社のベテランセールスマンがわんさと売り込みに来た。そのとき、先方の営業部長が、

「うちのコーヒーは鳥羽君のところだ」

と言ってくれたのである。

部長の思いがけない言葉に、私はまさに天にも昇るような思いがした。内向的な性格だからといって引け目を感じることはないし、無理に明るい人の真似などする必要はない。常にお客様のために何ができるかということを考えればいい。そして、こつこつと仕事をして成果を上げればいいのだ。成果は必ず自信に結びつく。自分はまだ若いんだ。若いときはあれこれと戦略など考えなくてもいい。一生懸命やることが相手の心を動かすんだ。そのことを身をもって体験して、それからはさらに一生懸命働こうと心がけた。

一九歳で知った喫茶業界の意義

セールスを任されて一年が過ぎて、会社が有楽町に喫茶店を出すことになった。ちょ

うどフランク永井の「有楽町で逢いましょう」がヒットしていたころのことだが、その際に私はまたしても社長から予期せぬ言葉を投げかけられた。

「おい鳥羽君。有楽町の店、キミに店長をやってもらうことにしたから」

社長の言葉に私は耳を疑った。コックの見習いやバーテンなど、喫茶業界で少しずつ経験を積んできてはいた。また、地道に努力を続けることによって、これ以上つらい仕事はないと思っていたセールスでも目に見えるような成績を上げることができた。だが、この程度のことではまだまだ一人前とは言えないという思いが心の片隅に残っていた。そんな私を見習いではなく、本格的に店長として店を任せるという。しかも、弱冠一九歳の私に会社にとって初出店の店を、である。自分をそこまで買ってくれているのなら、その期待にぜひとも応えなければならない。私は奮い立った。

店長になるにあたって私がいちばん最初に考えたこと、それは「喫茶業が世に存在する意義とは何か」ということだった。この疑問が解決しないかぎり何をするにしても先に進まないと思ったからだ。そこで私が出した答えは「一杯のコーヒーを通じて安らぎと活力を提供することこそが喫茶業の使命だ」ということだった。当時は戦後まだ間もないということもあって、世の中は大変な混沌と喧騒の状況下にあって、都会に暮らす人びとは心身ともに疲れ果てているという印象が強かった。そうした人たちに必要なのは安らぎと活力ではないかと考えたのである。

そこで私は生まれて初めて自分に与えられた使命というものを感じた。ただ一生懸命に働くということに加えて、何を目的として働けばいいのか、ひとつの方向性、ベクトルを与えられたのだ。それからは何をやるにしてもそれまで以上に積極的、意欲的になった。人びとに安らぎと活力を提供するためにはどうしたらいいのか、来る日も来る日もそのことばかりを考えていた。そして、そうした観点に立って、店づくり、メニューづくりを考え、ロゴマーク、店員の制服などにもアイデアをめぐらした。

その後、店をオープンさせてみると、毎日ひたすらお客様に喜ばれることを考えていれば商売になるのだから、こんなにいい商売はないなと感じるようになった。セールスという自分の性格に合わない仕事、不得手な仕事をさんざんつらい思いをして乗り越えてきた後だっただけに、商売の面白さを知って、ますます喫茶業にのめり込んでいった。

自らの将来を賭けてブラジルへ

有楽町の喫茶店は結果的に大成功を収めた。それまで一度も経験したことのないような充実感と自信を、そのときの私は感じていた。ただ、少しばかり得意になっていた私に、自分の将来に対する言い知れぬ不安が忽然《こつぜん》とよぎったのである。

（何をそんなに浮かれているんだ。今はたしかに成功して喜んでいられるけれど、もしかしたら自分はこのまま小さな喫茶店の店長で終わってしまうかもしれないんだぞ。それでもいいのか）

焦燥の日々に悶々としていたある日、私のもとに以前お世話になった喫茶店のオーナーから連絡があった。そのオーナーはブラジルに渡って事業を手がけていたのだが、ブラジルで一緒に働いてみないかと誘ってくれたのである。

来ないかと言われても、はいそうしますと、とてもふたつ返事で行く気にはなれなかった。なぜなら、まず第一に、地球の裏側であり、当時の状況では二度と日本に帰ってこられるような社会情勢ではなかった。そのうえ英語もポルトガル語も分からない。それに、喫茶店の店長として多少なりとも成功したといってもそれだけのことで、自分に特別な才能があるとも思えない。もしかしたら、ブラジルで奴隷のようにこき使われるのではないか。ばかげた発想かもしれないが、不安のあまりそんな考えにもなった。

しかしながら、せっかくの誘いを断って日本にとどまっていたところで、何か変化が起こるとも思えない。学歴のハンディキャップ、内向的な性格、それに将来に対する漠とした不安。このまま日本にいたところで私の悩みが解決されるわけではない。それならいっそのこと、未知の世界に飛び込んで自分を試してみよう。そして、ブラジルを蟻地獄に譬えて、あえてそこに身を投じて、そこから這い上がってくることができれば自分は生きる価値のある人間だし、這い上がることができなければしょせん生きる価値のない人間なのだ。そう思い至って、未知の世界で自分を試してみようと決断したのである。

一九五九（昭和三四）年、私は横浜港から「あるぜんちな丸」に乗って、ロサンゼルス、パナマ、ベネズエラ、リオデジャネイロと、四二日間の航海を経て、サンパウロに到着した。途中の船旅はすべてが未知の世界を行く好奇心をかき立てる楽しい旅ではあったが、とても長い船旅だった。当時のブラジルはヨーロッパの文化、とくにポルトガルやイタリアの影響を色濃く受けていて、私が想像していたよりはるかに進んだ国だった。

そこで私は現場監督として現地の労働者とともに汗を流して働いた。お互いの弁当を半分ずつ分け合って食べたり、休憩時間に相撲をとったり、人間的に心を通わすことができた。また、コーヒー農園では栽培状況や収穫後の作業工程を学ぶことも忘れなかった。

ブラジルのコーヒー農園は遥か彼方、地平線まで続いている。太陽は地平線から昇り、地平線へと沈む。そんな雄大な光景は日本では見たことがなかった。そして、広大なコーヒー農園の中に農場主の住む館があるのだが、それはまるで中世ヨーロッパ貴族の城を彷彿させるものであった。そんな光景を目の当たりにして、「いつの日か、自分も農園主になってやるぞ」と思ったものである。ブラジルの大地はいろいろなかたちで私に内面的変化をもたらしてくれたように思う。

そして、約三年にわたるブラジル生活にピリオドを打ち、一九六二（昭和三六）年、私は日本に帰ることになった。もしかしたら日本には二度と戻れないかもしれないという思いもあったのだが、コーヒー会社の社長から日本に戻ってこいと再三電話をもらっていたことと、もうひとつはブラジルにおける社会状況の変化などもあったことで、私はやむをえず日本に帰ることにした。

帰りはオランダ船に乗って、ケープタウン、アフリカを経由して、モーリシャス、シンガポール、香港を回って帰ってきた。私は行きと帰りの航海で文字どおり世界一周をしたことになる。二〇代前半の若さで世界一周したことで、私はある種の地球観を感じ取った。地球のサイズを身をもって知ったことはその後の私になんらかの影響を与えていると確信している。と同時に、コーヒーの本場で学んだことは真綿に水がしみ込むように私の身体の中にしみ込み、何ものにも替えがたい財産となって今も生きているように思う。

ドトールコーヒー設立へ

ブラジルから帰国した私は社長の強い要望から再び以前勤めていたコーヒー会社で働くことになった。だが、私を買ってくれる社長に対しては心から感謝する一方で、以前とまったく変わりのない環境に身をおいていることを私は潔しとはしなかった。そんなあるとき、社内で私にとっては認めがたい出来事に遭遇することになり、それが動機となって、自分の会社をつくろうという気持ちがメラメラと私の中で湧き起こってきた。

武者小路実篤の著書の中に、

「天に星、地に花、ひとに愛」

「この道より我を生かす道なし
我、この道をゆく」

という詩があるが、実篤はこうした考えに基づいた理想郷をつくろうと情熱を傾けた。そして、一九一八（大正七）年、宮崎県に「新しき村」をつくった。私もこうした理想高き会社をつくりたいと思った。厳しさの中にも和気あいあい働くことのできる会社、お互いが真剣に厳しく働き合うことによってお互いを尊重し合える会社をつくろうと考えたのである。

約半年の準備期間を経て、コーヒー豆の焙煎・卸会社、ドトールコーヒーは誕生した。一九六二（昭和三七）年、二四歳の春のことである。社名はサンパウロに住んでいたところの地名「ドトール・ピント・フェライス通り八五番地」からとって名づけた。ちなみに、ドトールとは医者の意味で、ブラジルの医療に貢献したピント先生の功績を讃えてつけられた地名だ。その思い入れからドトールコーヒーという社名をつけることにした。資本金三〇万円。従業員は二名。社屋といっても八畳一間の事務所兼焙煎所兼倉庫で、中古の焙煎機一台と中古の軽四輪車があるだけの会社だった。

実は私は、ブラジルから帰国した折り、その間に貯めた三〇万円を、「私が喜ぶように使ってほしい」と言って財布ごとそっくり父に渡していた。それは父親に成功してもらいたいという気持ちからだった。だから、資本金の三〇万円はやっとの思いで知人から借りてきたお金であり、そういう意味でドトールコーヒーはゼロからのスタートではなく、マイナスからのスタートとなったのである。

まず手始めに、焙煎コーヒーを東京、千葉、埼玉、群馬、神奈川と、買ってくれそうなところにはたとえわずかな量でも喜んで飛んでいった。ところが、いくら高く理想を謳った会社をつくってみたところで、いざ商売をやるという段になると、信用も実績もまったくない。当時、焙煎コーヒーの卸会社というと、日本全国にすでに三五〇社近くもあったので、ドトールコーヒーのような後発の零細企業がそう簡単に市場に食い込めるはずもなかった。

門前払いは当たり前、しつこく食い下がると、「仕事のじゃまだ」と怒鳴られることもしばしばあった。また、運よく商品を買ってくれても、その代金を回収するのにまたひと苦労する有り様だった。「夜討ち朝駆け」という言葉があるが、夜一〇時、一一時の閉店時間をねらって足を運び、レジを閉めた瞬間に頭を下げてようやく代金を支払ってもらう。また、経営者の自宅を調べて、まだ先方が寝ている間に訪れて家の前で辛抱強く待つ。そんなことも一度や二度のことではなかった。

商売はなかなか軌道に乗らず、毎朝目を覚ますたびに、倒産という二文字が頭をよぎり、四六時中、きりきりと刺すような胃の痛みにやられた。眠ってさえしまえばそうした苦しみから一時的に解放されるだろう。だが、そう簡単に眠りにつくこともできず、毎晩のように神宮外苑を歩きながら心を鎮めていたのだ。

そんなある晩、いつものように神宮外苑の暗闇の中を歩いていたときのことだった。倒産の恐怖に心が萎縮してしまって、思うように商売ができなくなっている自分に、はっと私は気がついた。

（潰れる、潰れると思うから心が萎縮して何もできないのだ。明日潰れてもいい、今日一日、体の続くかぎり全力で働こう）

そう思ったことで不思議と気が楽になったのである。人間、朝から晩までとことん悩んだ末は案外開き直れるものだ。私は気持ちを新たにして、それからは文字どおり、今日一日、今日一日と、体力の続くかぎり、ただひたすらに商売に打ち込んでいった。

そうすることで、先方から「こいつ、なんか一生懸命やるやつだな」と関心を持たれたのかもしれない。そのうちに一軒、また一軒とコーヒーを買ってくれるようになった。さらには、知り合いの喫茶店を紹介してくれるようにもなって、お客様の輪が広がっていった。そうしてドトールコーヒーは設立して二年ほど過ぎたあたりから――遅々とした歩みではあったが――どうやら収支が合うようになったのである。

第三章　ドトールコーヒーショップ設立まで

驕りが招いたドトールコーヒー存亡の危機

一九六四（昭和三九）年、東京オリンピックが開催され、東海道新幹線が開通した。日本経済はいよいよ高度経済成長期に突入していくことになった。会社を設立して二年が経ち、私は明日の倒産という恐怖からなんとか幾分解放され、コーヒー豆の卸先が徐々に増えていくにつれ、私は商売というのは案外に簡単なものだなと考えるようになっていった。〝ないない尽くし〟で始めた自分でさえこれだけのことができるのに、世の中のおとなはなんて情けないんだろうとも思った。

そして、私は焙煎・卸だけでなく、喫茶店経営にも乗り出すことを考えた。というのも、明日の倒産の恐怖からは幾分解放されたといっても、焙煎・卸をしている以上、どうしても拭いきれない将来への不安があったからだ。卸という商売は得意先の機嫌を損ねただけで売上げがなくなってしまう危険性を孕《はら》んでいる。明日になって「要らない」と言われたら、そこで取り引きは終わってしまう。非常に脆い経営基盤の上にものの売り買いが成り立っているのである。そこで経営の安定と生活の安定という観点から、日銭を稼ぐために喫茶店を開こうと考えた。

手頃な物件はないかと探していると、うまい具合に新橋に条件に合った店舗が売りに出されていた。友人、知人から七〇〇万円の借金をして、さっそくその物件を買うことにした。ところが、店の受け渡しを目前にして相手方から契約違反をでっち上げられて、その七〇〇万円を騙し取られてしまった。

お金を返してもらいたい一心で、私は相手方に駆けつけて詰め寄った。すると、このままでは殺されかねないと思ったのか、相手が警察に電話をしたために、たちまち三台のパトカーがやってきて、なんと私はふたりの警察官に両脇を抱えられ、警察署に連行されてしまったのだ。「殺すつもりなんて毛頭ない、ただ騙されたお金を返してもらいに行っただけだ」、そう説明すると、警察官は「事情は分かりますが、あなたがやられたことは民事で、あなたがやろうとしたのは刑事事件になるんですよ」と言う。私にはまったくそんな気持ちはなかったのだが、そのときの私の表情にはまさに鬼気迫るものがあったのだろう。

それからしばらくしたある日、「俺がそのお金を取り戻してやろう」と、私のもとにひとりの男がやってきた。いわゆる〝その筋〟の人間だったろう。どこからこの話を聞いてきたのかは知らないが、そうした人たちはこの手の話に敏感なのだろう。そのときの私は藁にもすがる思いだったので、その人物に頼らざるをえなかった。だが、それで問題が解決するどころか、今度はまた別の警察署員に連行されてしまったのだ。どうやら警察のほうは、私がその人物を雇って脅しをかけたと思ったのだろう。事情を説明すると、前回と同じように、「同情はしますが、あなたがやられたことは民事で、あなたがやろうとしたのは刑事事件になるんですよ」と言われてしまった。

そこで、私は弁護士を雇って、七〇〇万円を騙し取った相手を訴えることにした。私にとっては根も葉もないことだったから、裁判はすんなり進むものと思っていたのだが、いざ蓋を開けてみると、これが意外にも時間がかかり、裁判費用が続かなくなるという不安が生じてきた。だが、次第に裁判は私に有利に動きはじめ、裁判長の勧めもあって相手方はやむなく和解を申し入れてきた。

やれやれと、安堵したのも束の間。和解成立寸前というところで、事態は思わぬ展開を見せた。なんと、私のほうの弁護士がうかつにも、「助かりました。裁判費用が続かないところでした」と言ってしまったのだ。それを聞いて相手方は態度を急変させて、和解を取り下げて裁判を続けると言い出した。その結果、裁判費用が続かなくなって、私はとうとう七〇〇万円をそのまま相手に取られてしまったのである。

私は自分を騙した相手を恨んだのはもちろんのこと、言ってはいけないことを言ってしまった弁護士のことも恨んだ。ところが、恨み、つらみの日々を過ごしているうちに、私は自分の心がすっかりすさんでしまっていることに気がついた。これではいけない、「罪を憎んで人を憎まず」と言われているように、もうこれ以上、人を憎むのはやめよう。

人を騙すことができるのはその人の生い立ちが悪かったからだ。そうでなければ、そんなことはできないはずだ。ただ、騙した人間が良くなって、騙された人間が悪くなるというのではこの世の中の道理が通らない。道理の通らない世の中なら生きているわけにはいかない。さりとて死ぬわけにもいかない。

それならば、この世の中では必ず道理を通さなければいけない。そのためには自分が成功しなければいけない。そして、自分が成功して、どこかで私を騙した人物に出会ったときに、心から「お元気ですか」と言える自分になろう。もし元気でなければ、その人を助けてあげよう。助けてあげたときに、相手が真に人間としての心を取り戻すことができるはずだ。私はそう気持ちを切り換えた。

そして、原点に戻って、コーヒー豆の製造・卸という仕事にひたすら打ち込んで、六年経ってなんとか借金を返済することができた。私がこの一件で得た貴重な教訓というのは、どんなにうまくいっているときでも決して驕ってはならないということだった。そもそも私がもう少し慎重に物事を考えていれば、この事件は避けられたことなのだ。この事件を経験し、それ以来、ちょっと調子がよくなって、自分自身思い上がりそうになると、「また落ちるぞ」という声が聞こえてくるようになった。

喫茶業の将来を脅かすふたつの問題

原点に戻って借金の返済と会社の発展に専念した私は、六年かかってようやく騙し取られた七〇〇万円を返済することができた。そして、そのころになると、私はようやく、コーヒー業界、喫茶業界のことを冷静に、客観的に見ることができるようになっていた。

そんな私が頭を悩ませていたのは、喫茶店のコーヒーの値段が毎年のように値上がりしていくということだった。そもそも私が喫茶業界に入ったころ、コーヒー一杯の値段は三〇円だった。それが高度経済成長期に入ると崩れはじめて、コーヒーの値段が毎年のように上がっていった。原価、人件費、原材料、家賃が上がっていくのだから、コーヒーの値段を上げるのは当たり前。誰もがそう考えて、毎年のように上がるコーヒーの値段に首をかしげる人は喫茶業界の中に誰ひとりいなかった。

だが、このまま値上がりが続いていくと、いつの日かお客様が値上げした価格を受け入れなくなるときが来るのではないか。私はそう考えていた。といってもまだまだ先のことには違いないのだから、そこまで心配する必要はないかもしれないが、このままではいずれ、確実に、喫茶業は衰退してしまうと思った。

私を悩ませていたのはそればかりではなかった。もうひとつの悩みは、当時の喫茶店が私が一九歳のときに感じた「一杯のコーヒーを通じて安らぎと活力を提供することこそが喫茶業の使命」というものとは正反対の方向に向かっていたことだった。純粋にコーヒーを楽しめるような喫茶店は数少なかった。その代わり、美人喫茶、ジャズ喫茶、名曲喫茶など、さまざまな喫茶店が誕生していった。

八重洲の並木通り、日本橋、神田などには美人喫茶、同伴喫茶が軒を連ねるように立ち並んでいた。店内に一歩足を踏み入れると、人の顔も見えないほど薄暗く、若い男女が何をしているか分からない。そんな店が多かったのである。ジャズ喫茶、シャンソン喫茶、名曲喫茶はまだ知性があっていいほうで、なかにはヌード喫茶という風俗営業的なところまであった。

今の若い人たちには想像もつかないだろうが、一九六〇年代は喫茶店に入ること自体に悪いイメージ、ダーティなイメージを持たれていたのである。そういう店に入り浸って学校を退学になった高校生もめずらしくはなかった。また、そういう喫茶店に行く主婦は〝よろめき主婦〟という言い方をされて、世間から蔑《さげす》みの眼で見られていたのである。

六〇年代の喫茶店にはあまりにも不健康なイメージがついてまわっていたのだが、こうした水商売、風俗産業とも言われるように退廃的で不健康なイメージを持たれていたら、いずれ喫茶店が世の中の隅のほう、陽の当たらないところへと追いやられてしまうのは明らかであった。だから、そうならないためにも喫茶業のあるべき姿を求めて、私の理想とする喫茶店づくりをしなければならない。私が強くそう考えるようになったのはむしろ当然の成り行きだった。

ヒントはコーヒー先進国、ヨーロッパにあった

一九七一（昭和四六）年夏、その後の私の人生を左右するほどの機会が訪れた。喫茶業界が初めてヨーロッパ視察旅行をすることになったのだ。喫茶業界の将来、自分の理想とする喫茶店づくりに頭を悩ませていた私は、「喫茶店先進国、コーヒー文化先進国を訪ねる中にそのヒントが必ずあるはずだ。日本の喫茶業の将来像が見えてくるに違いない」と思い、大いなる期待を胸にこのツアーに参加した。私にとってこの

ツアーはまさにカルチャーショックの連続だった。そして、何ものにも替えがたい、三つの貴重な教訓を得ることになった。

まず第一に、ヨーロッパではコーヒーが特別なものではなく、日本人にとっての日本茶のように、日々の生活に深く密着しているということだった。つまり、朝食は通勤途中にとる。パリではクロワッサンとコーヒー、そしてドイツではホットドッグとコーヒーという具合だ。

とくに、最初に訪れたパリで目撃した朝の出勤風景に私は目から鱗が落ちる思いがした。地下鉄の駅から吐き出されたビジネスマンたちを目で追っていると、次から次へとコーヒーショップに足を運んでいる。つられて喫茶店に入ってみて、私は思わず目を見張った。カウンターのところに幾重にもなって立ってコーヒーを飲んでいる人がいるではないか。満席というわけではない。外のテラス席も店内のテーブル席だって空いている。

(彼らはなぜ立ってコーヒーを飲んでいるのだろうか。テーブル席だって埋まっているわけではないのに……)

不思議に思ってさらに店内を観察して、私はまた驚かされた。なんとそれぞれコーヒーの値段が違うのだ。当時の日本円にしてたしか、外のテラスは一五〇円、店内で座って飲むと一〇〇円、カウンターで立って飲むと五〇円だったと思う。なぜそうしたことが可能なのか。それは、日本の場合はすべてレジで勘定するわけだが、パリのカフェではすべてボーイがバッグを持ってテーブルごとにお金の受け渡しをしているからだ。だから、場所によって異なった料金を請求することができるというわけだ。

（そうか。彼らはこうして毎日出勤前に立ち飲みの安い値段でコーヒーを飲んで、それでオフィスに向かうんだ。そうだ、これだ！　この立ち飲みスタイルのコーヒーショップこそ喫茶業の最終形態になるだろう）

そうした光景を目の当たりにして私は、まるで雷に打たれたかのように、全身に強い衝撃を受けたのである。

次の訪問国・ドイツに行って、私は二番目のカルチャーショックを受けた。それはコーヒーショップの店先で必ずコーヒー豆の挽き売りをしているということだった。ドイツのデュッセルドルフにはチボーというコーヒーでは世界的に有名な店がある。そこでもコーヒー豆の挽き売りをしているというので楽しみに行ってみると、運の悪いことにその日は休みだった。他の参加者たちは「休みなら仕方がない」とその場を立ち去っていった。

だが、私はどうにもその場をすぐ立ち去ることができずに、思わず店のガラス窓に顔を擦りつけるようにして店内を覗き込んだのだ。今でも、その店のデザインをはっきりと覚えている。カウンターの木のところに真鍮《しんちゅう》のラインがはめ込まれていて、右側の壁にモザイクがあって、コーヒーの実を収穫している風景が描かれていた。ひと気のない店内を食い入るように覗き込みながら、私は思いをめぐらした。

（日本ではレギュラーコーヒーは高級品で、まだ一部のデパートでしか売っていない。だが、日本でも豊かになればコーヒーの挽き売りが当たり前になるに違いない）

　そして三番目に、スイスで訪ねた焙煎工場の、まるでおとぎの国のようなファクトリーパークに驚かされた。中庭はきれいに刈られた芝生で敷きつめられ、色とりどりの花が咲き、緑の草木が立ち並んでいるのである。ブロックやスレートの屋根でできた日本の焙煎工場とは天国と地獄ほどのギャップを感じた。と同時に、こうした環境で働いている人たちはさぞかし幸せだろうなとしみじみと感じたものだ。

　同じ旅行でも、ただ単に行くのと、明確な目的をもって行くのとではものの見え方、感じ方がまるで違ってくる。関心があればこそ見えてくる。関心がなければ見ているようで実は何も見えていないのだ。目的意識があるから、関心が高いから、その光景をいつまでも心の中に鮮明に、克明に留めておくことができる。それを〝フォトグラフィックメモリー〟と呼ぶのだそうだ。

歴史の長いヨーロッパのコーヒー文化は豊かになっていく日本に必ず伝播する。このヨーロッパ視察旅行で私は確かな手応えを感じた。とくに、立ち飲みスタイルのコーヒーショップ、コーヒー豆の挽き売りについては、いつの日か必ず自分の手で実現してやろうと、そして、早く工場に行って働きたいと社員が思えるような美しい工場をつくろうと、帰りの機中で密かに自分の心に誓っていた。それが日本の喫茶業界を活性化させることにもつながるだろうと考えていたのである。

「健康的で明るく老若男女ともに親しめる」コロラド誕生

薄暗い店内に漂う香りのない煮詰まったコーヒーの匂い、そして充満するタバコの煙。店内にいるのは暇を持て余す人間か、仕事をさぼっているサラリーマンたち。どう見ても不健康で暗いイメージしかない日本の喫茶店。それとは対照的に、クロワッサンやホットドッグをほおばりながら、コーヒーカップを手に、ひとときの語り合いを楽しむヨーロッパの人びと。ヨーロッパ視察旅行を機に、それまで私の心の中で悶々としていた理想的な喫茶店のイメージが、まるで台風が去ったあとの澄み渡った秋空のように、鮮明なイメージとなって表われてきた。

私が出した答えは、「健康的で明るく老若男女ともに親しめる店」というコンセプトに基づいたコーヒー専門店「カフェ コロラド」であった。不健康で退廃的なイメージを拭い去るためにはどうしたらいいか。健康的で明るい店舗、お客様が建設的になってくれる店舗とはどういうものか。コロラドを従来の喫茶店とはまったく違ったものとして世に生み出すために、私はあらんかぎりの知恵を絞った。

なかでも、コーヒーそのものに対する考え方を大きく改めることにした。従来の喫茶店のコーヒーというとブレンドコーヒーが常識で、しかも貸席に対してコーヒーがついてくるという感じだった。つまり、コーヒーは脇役と言ってもよかった。だが、あくまでもコーヒーは主役でなければならない。そこでコロラドではコーヒーそのものを売るという考え方で、産地別に提供することにした。したがって、生産国別のコーヒーを飲むという嗜好が生まれてきたのもそのころからだ。

さらに、コロラドではレギュラーコーヒーの挽き売りをやることにした。当時は家庭で豆を挽いて飲むことなど考えもしなかったのだが、遠からず家庭消費の時代が来るだろうと私は確信していた。そうなれば家庭需要を捉えられない焙煎業者は衰退するかもしれない。われわれは後発企業だから他社のように百貨店、スーパーなどに販売ネットを持つことはできなかった。そこで、われわれは「独自の価格」「独自の商品」

「独自の販売ネット」というかたちで、安定した経営基盤をつくり上げる必要があったのだ。

店のグランドデザインが決まり、第一号店をどこにするか思案しているとき、私の心を大きく震わす出来事が起こった。

それはひとりの経営コンサルタントの存在だった。私がそのコンサルタントと出会ったのはドトールコーヒーを設立してしばらく経ってからのことだった。なかなか取引先が増えないことで、私はそのコンサルタントに取引先を紹介してもらっていたのだが、次第に私はその人物の言っていることと、私が日々の商売を通じて感じることとがどうも違うように思えてきた。実際に、そのコンサルタントは他の喫茶店でも高いコンサルタント料をとって指導していたのだが、その店々の経営内容はどこも決してよくはならなかった。私はこれは違うと思って、すぐにそれまでのお礼をして、取引先の紹介をお断りすることにした。

そのコンサルタントが指導をしていた中に、ご主人が亡くなってその保険金で喫茶店を始めた女性がいた。その店もやはりいつまで経っても経営が安定せず、ついにはその女性はノイローゼになってしまった。私はそのことで大いなる義憤を感じた。大手企業が余裕の資金でやっているのとはわけが違う。その女性はなけなしのお金をはたいて日々の生活のためにやっているのだ。にもかかわらず、高級外車を乗り回し、高額のコンサルタント料をとって、その店の経営がどうなろうとも平気でいられる経営コンサルタントを、私は人の生き血を吸う吸血鬼としか思えなかった。そこで、私は今こそ日本の喫茶業界に革命を起こして、喫茶業界に新風を吹き込まなければならないと奮い立ったのである。

そうしたときに、たまたま私の考え、「コロラド」のコンセプトに賛同してくれる喫茶店の経営者が現われた。第一号店は一九七二（昭和四七）年、神奈川県川崎市に私が経営指導するというかたちでオープンすることになった。この成功により、第二号店はドトールコーヒーの直営店として世田谷の三軒茶屋にオープンすることになった。

オープンしてしばらくは、お客様の入りは必ずしもよいものとは言えなかった。だが、半年もすると事態は一気に好転して、一般的な喫茶店の三倍ものお客様が入るようになった。なぜ三倍も入るようになったかというと、それはなんといっても私の掲げる「健康的で明るく老若男女ともに親しめる店」というコンセプトがその時代にぴたっとマッチし、それまで喫茶店を利用しなかった層のお客様にも利用していただけるようになったからだ。それまで喫茶店を利用するお客様はごく一部の層に限られていたし、利用する時間にしても朝、昼、夕方のごく一部の時間帯に限られていた。

コロラドの場合、客層によって利用する時間帯が異なっている。まず朝早くビジネスマンがやって来る。それから、店を開けて一段落した地元の商店主たち。昼になるとまたビジネスマンで席が埋まり、それが引けると今度は自由業の人たち。そして、夕方になると買い物に出てきた主婦たちで賑わうようになる。あらゆる層の人たちが入ってくることによって、朝から晩までアイドルタイムがなくなったのだ。それまでの喫茶店というのは六回転すれば成功と言われていたのだが、コロラドでは六回転どころか、多いときには一二回転というのが常識になった。

コロラドの成功は同業者、あるいは喫茶店経営を志す人たちにとって大きな刺激となった。「自分たちもコロラドのような店をやってみたい」という声があちらこちらから聞かれるようになった。それまで喫茶店経営は少なくとも三〇坪程度ないと成り立たないと言われていた。だが、コロラドの場合、わずか十数坪あれば始められる。しかも、ボランタリーチェーン制にして、同じ店名のもとでやればメニューも同じで済むし、何よりも初めて開業する方の長大なエネルギーを軽減し、コスト的にもかなり安くなる。それは心から喫茶店経営を夢見ながらも資金不足に悩んでいた人たちにとってはまさしく「渡りに船」で、独力でやるよりは安心して出店することができた。

また、われわれにとってもチェーン店が増えれば増えるほどコーヒー豆を卸す先が増えることになり、共存共栄の道を歩みはじめた。

喫茶業界の将来に対する不安。そうした不安はコロラドが一店舗、また一店舗と増えるごとに小さくなっていった。そして、高度経済成長とともに世の中は次第に健康志向になり、「健康的で明るく老若男女ともに親しめる」というコンセプトに基づいたコロラドは時代の追い風に乗って、第一号店オープンから一〇年間で二八〇店舗という急成長を遂げることができた。

時機は今！　立ち飲み一五〇円コーヒー店の誕生

一九八〇（昭和五五）年四月一八日、日本の喫茶業界は記念すべき一ページを開くことになった。それまでにはない、まったく斬新なスタイルのコーヒーショップが東京・原宿の駅前にオープンした。今では全国一一四七店舗（二〇〇八年二月現在）に広がるドトールコーヒーショップの第一号店。立ち飲み中心の一五〇円コーヒー店の誕生である。この価格は通常の喫茶店の価格の約半値で、日本の喫茶業界に大きな波紋を呼ぶこととなった。

第二次オイルショックは日本経済に長きにわたる景気低迷をもたらした。企業の業績は大幅に悪化して、昇給停止、残業代カットが当たり前になって、ビジネスマンの可処分所得の低下、実質所得の減少という現象が起きてきた。その一方で、それまでの好景気でコーヒーはもはや一部の人が楽しむ嗜好品ではなく、日常生活のさまざまな場面で誰もが愛飲する必需品となっていた。そして、朝一杯のコーヒーを飲まないとその日の仕事が始まらないというビジネスマンも増えていたのである。そういう人たちにとって、可処分所得の減少はたとえコーヒー一杯とはいえ経済的に大きな負担になる。「これは大変だ。ビジネスマンの生活を守らなければならない。なんとかして経済的負担を軽くしたい」

私が強くそう願うようになって間もなくのことだった。原宿に九坪の店を持つオーナーがコロラドをやりたいと言ってきた。その話を聞いたとき、「時機は今！」と私は悟った。「原宿という一等地をうまく生かして、今こそヨーロッパで見た立ち飲みスタイルのコーヒーショップを実現させるときだ」と察知したのだ。

その店舗はもともとお寿司屋さんだったのだが、ご主人が亡くなり、娘婿さんがコロラドをやりたいと言ってきたのだ。立地は原宿の駅前という一等地中の一等地。だが、なにぶんにも九坪しかない。コロラドをやるといってもテーブル数はせいぜい一〇席がいいところ。それではどうしても売上げに限界がある。

そこで私は九年間胸の内で温めてきた思いをそのオーナーに話すことにした。自分が思い描いているコーヒーショップとはどういうものか。今後、日本の喫茶業界はどういう方向に進んでいくのか。最初のうち困惑の表情を浮かべていたオーナーだったが、いつしか真剣な眼差しで食い入るように話を聞いていた。とは言っても、日本で初めての試みなのだから、当然のことながら成功例などどこにもない。だから、「万が一、失敗したときにはドトールコーヒーが全額を補償し、さらに三倍の家賃を払って、ご家族の生活を保障する」と言ったのである。すると、そのオーナーは、

「そこまで補償していただかなくてもけっこうです。私もぜひ新しいコーヒーショップに賭けてみたいと思います」

と、その目をらんらんと輝かせながら言ってくれたのだ。

それから半年後、念願のドトールコーヒーショップが誕生した。そのときの私には、立ち飲みコーヒーは絶対に成功するとか、失敗したらどうしようとか、そういう考えはまったくといってなかった。今まさに立ち飲みコーヒーをやらなければいけない、そして、やるからには成功するまで絶対にやめない。私はただ固くそう誓った。

ドトールコーヒーショップ第一号店の開店日、私は朝早くから原宿に足を運んだ。

はたしてお客様が来てくれるだろうかと、期待と不安を胸にその瞬間が訪れるのを待っていた。通りを行き交う一人ひとりの動きを目で追っていると、ひと組の年輩ご夫婦がやってきた。おそらく朝の散歩帰りなのだろう。ふたりは店の前で立ち止まると、なんのためらいもなく、引き込まれるように店内に入っていった。それからまもなく、今度は犬を連れたご婦人が——。

正直なところ、第一号のお客様は会社員か若い世代の人たちだろうと予想していた。それだけに、予想外のお客様に驚かされた。だが、〝予想外の出来事〟はむしろわれわれにとって歓迎すべきことであった。一般的に言って、新しいものを試そうとするのは若い世代で、中高年の人たちというのは新しいものになかなか馴染めないものだ。しかしながら、そういう方々が抵抗なく入ってきてコーヒーを飲んでくれたのだ。

「よしっ、これでいける」

この手応えはそれ以降、具体的な数字となって表われた。翌年には四店舗、八三年、二〇店舗、八七年には一〇〇店舗を超え、確実に店舗数は増えていった。

願い正しければ、時至れば必ず成就する

ところで、ドトールコーヒーショップのヒントは先ほど述べたように、一九七一（昭和四六）年のヨーロッパ視察旅行、パリのシャンゼリゼで目撃した朝の出勤風景にあった。そのヨーロッパ視察旅行からドトールコーヒーショップ設立まで、実に九年もの歳月が流れている。

「なぜすぐに実現させなかったのか」
「一〇年近くも待ったのには何か理由があるのか」
「誰かに先を越される心配はなかったのか」

たびたびそうした質問を受けるが、それに対する私の答えは「すぐにやっても成功しなかっただろうし、人に先んじられる恐れはまったく感じなかった」ということだ。

一九七〇年代前半、コーヒーはまだ高級品、嗜好品だった。コーヒーの挽き売りにしてもほんの一部のデパートが扱っているだけで、一杯一杯サイフォンでコーヒーをたてながら提供することに価値を感じていた時代であった。それに、今でこそ街中至るところで見かけられるようになったが、当時は立ってものを飲んだり食べたりする

ことがたいへん行儀の悪いこととされていた時代であった。

よく一〇年近くも待ったと言われるが、機が熟していない以上、立ち飲みスタイルのコーヒーショップをつくってみたところで受け入れられないのは明らかだった。したがって、誰かが先にやってしまうという恐れもなかった。

また、当時はコロラドが全盛で、コロラドの店舗を拡大していくので精一杯だったということもあった。ただ、立ち飲みの時代は必ず来ると確信していたので、私にはあせる気持ちは微塵もなかった。そして、その時代が来たらコロラドを立ち飲みスタイルのコーヒーショップに転換するつもりで、私はコロラドに全神経を集中させることにした。

あとは、版画家の故・棟方志功氏が「日本のゴッホになるんだ」と言いつづけたように、私は「日本のチボーになるんだ」と心の中で題目を唱えつづけて、時機が訪れるのを待つことにした。

チャンスは自分から積極的に仕掛けなければならない。さもなければ、目の前を通過する商機をみすみす見逃してしまうことになる。ただし、商機というものは――たとえどんなに自分が正しいと思っていることでも――「時」、すなわち時代の大きな流れ（時代的背景、社会の成熟度）と、「機」、すなわちそのことを起こそうとする機会が合致して初めて、味方になってくれるものだ。ドトールコーヒーショップの場合は、オイルショックによる可処分所得の低下という時代の流れ（時）と、原宿にコロラドを出したいというオーナーの意向（機）が合わさって、初めて商機となったのである。逆に言えば、商機の到来まで時間を待つということも大切なことだと思う。

徳川家康の言葉に「願いが正しければ、時至れば必ず成就する」というものがある。家康は戦争のない平和な世界の実現という大きな夢を抱いていた。家康の願いはすぐに実現することはなく、織田信長、豊臣秀吉に仕えることになっても、目標に向かって努力を続けて、やがてその願いが成就して江戸幕府を開くに至った。徳川幕府が二六五年もの長きにわたり続いたのは、征服欲だけでも権力欲だけでもない、「欣求《ごんぐ》浄土《じょうど》」という旗印のもとに、戦争のない平和な世界という家康の願いが幕府創設の基本にあったからだと思う。

家康の、「願いが正しければ、時至れば必ず成就する」というこの言葉は私の座右の銘のひとつになっている。正しい願い、ポリシーというものは時機が来れば必ず成就する。その努力と忍耐は必ず報われるものだと思う。今の若い人たちは結果、成果、評価がすぐ出ないものにはのめり込めない傾向があるように思う。豊かになったがために、耐え忍ぶという風潮はたしかになくなってきている。世の中がそういう時代になっているのだから、それはある意味で致し方のないことかもしれない。

だが、何か事を成し遂げたいと思うのであれば、忍耐はどうしても必要なものとなってくる。その際に大切なのは「時」を待つ姿勢だ。ただ単に待ちつづけるという受け身の姿勢では商機を見逃すことになりかねない。かといって「時」をつくろうつくろうとすると焦りにつながる。要は、積極的につくり、待つという姿勢だと思う。それは私自身の生き方にもなっている。

ところで、当初は時期をとらえてコロラドをドトールコーヒーショップに転換していくことを考えていたわけだが、実際にコロラドを改装してドトールコーヒーショップに転換した例はほんの二、三に過ぎない。というのはそれぞれが成り立つ立地条件が異なるからだ。コロラドは主に郊外立地で成り立っているのに対して、ドトールコーヒーショップが成功するのは都心部なのだ。

コロラド、ドトールコーヒーショップの成功は時代に沿った業態を創りだして追い風に乗ったということだろう。世の中がだんだんと健康志向に向かっていく中で「健康的で明るく老若男女ともに親しめる」というコンセプトを持ったコロラドが受け入れられた。また、日本人の豊かさ、食習慣の変化、若者文化の台頭、コーヒーが嗜好品から必需品へと変化していったことなど、ドトールコーヒーショップはそうした外的要因の成熟度とともに成長発展を遂げた。もちろん、個別に見れば、なかなか利益の出ない赤字店に頭を悩ますこともある。だが、要は時代の大きな流れをどうとらえるかということだと思う。

三七年前にヨーロッパで感じたこと、つまり、立ち飲みこそ喫茶業の最終形態だという思いは今や現実のものとなり、セルフ形態のコーヒーショップが順調に店舗数を増やしてきている。また、私が抱いていた危機感もまた現実のものとなっている。値段を上げつづけるばかりで支払った金額に対する価値を高める努力を怠ってきた喫茶店、コーヒー豆の卸だけを専門としてきた企業は年々衰退していくばかりだ。ピーク時には一七万軒あった喫茶店が今では七、八万軒と、ほぼ半減した状態になっている。かつては銀座で石を投げれば画廊か喫茶店に当たると言われたほどだったが、今ではいわゆる純喫茶は街中から姿を消しつつある。

要はその段階になってあわてても後の祭りということだ。先回りをして心配するのはたしかに疲れることではある。だが、まさに喫茶店全盛の時代に危機意識を抱いたことがドトールコーヒーの成長の要因のひとつになっているのかと思う。

第四章　危機感が人間を突き動かす

危機への対応が選ばれる企業体質をつくる

一九九八（平成一〇）年七月から全国の大手コンビニエンスストアの店頭でドトールのブランドのコーヒーを売り出すことになった。ある大手のコンビニエンスストアから「ドトールのブランド名の付いたコーヒーをつくってみないか」と言われたとき、私はドトールコーヒーが新たな局面を迎えたことを感じた。製造・卸からスタートして、フランチャイズ・チェーン化に乗り出して、信用力、ブランド力を築き上げることに営々と努めてきたが、今度はさらに食品メーカーとしての地位を確立していきたいと思っている。

これも九八年のことになるが、高速道路のサービスエリアから「ドトールコーヒーで出店しないか」とお勧めいただき、コーヒーショップとしては初めて高速道路のサービスエリアに出店することになった。これまで高速道路のサービスエリアというと、それぞれ独自の飲食店が入っていたわけだが、そこに大手のファミリーレストランやファストフードなどの外食産業が進出するようになった。

こうした動きに対して思うことは、一九九三（平成五）年にコーヒー焙煎業界初の店頭公開を果たし、二〇〇〇（平成一二）年に一部上場を果たし、どうやらドトールコーヒーも選ばれることに耐えうる企業になりつつあると言えるようだ。会社設立から四六年、お客様、取引先からの信頼を高めようとこつこつ努力を積み重ねてきた結果、ここに来て、その力が外部から内側へと働きはじめてくるようになってきた。

考えてみれば、ドトールコーヒーの歴史というのは、常に危機意識を持って、将来予想される経営環境の変化に対応してきた、その繰り返しだったと思っている。コーヒー豆の焙煎・卸から出発して、脆弱な経営基盤に対する危機感、喫茶業界に対する危機感、それがコロラドというコーヒーショップの設立につながった。また、コーヒーが嗜好品から必需品に変わる中で、オイルショックによる実質所得の減少という事態に対応して、ドトールコーヒーショップをつくった。その後に始めた「オリーブの木」「エクセルシオール カフェ」「マウカメドウズ・コナコーヒーガーデン」「ル カフェ ドトール」ほかのショップも、日本経済の変化、お客様の嗜好の変化、同業他社との競争に対応してきた結果だ。

基本の徹底に営々と努力し、危機感を抱きつつ変化へ対応してきたことによって、少しずつドトールコーヒーは成長発展を遂げて、いつの間にか外部からドトールを押し上げてくれる力が働いてくるようになり、ブランド価値が生まれてきたように思われる。ただ、そうだからといって、思い上がりは禁物だ。自分の力を過信することなく、まだまだという謙虚さを持たなければならない。ただ、謙虚でいることはなかなか難しいことである。自分では謙虚でいるつもりでも、どこかに不遜に通ずるところがあるかもしれない。常に自分を注意深く見守っていないと、人間というのはついつい不遜になってしまう。

だから、私は社内で口を酸っぱくして「現状打破、現状否定」と唱えつづけている。常に将来に対して危機感を抱き、革新していかなければならない。現状に満足しきって、危機感、革新性を失うと、国も企業も、そして人間までもだめになっていく。そうした失敗例はそれこそ掃いて捨てるほどある。

危機感の欠如がさらなる危機を招く

一九九八（平成一〇）年九月下旬のことだが、「日本経済新聞」に「命綱がいよいよ切れる状況下にある」という言葉で日本経済の現状を表現している記事が掲載されていた。同様の記事はその後も連日のように掲載されたが、問題は読む側がそうした記事をどう受け止めたかということだ。ただ単に一種の形容詞のように受け止めたのか、それとも、そういう時期がまさに迫っているのだと受け止めたのか。受け止め方が違えば、それに対する行動の仕方にも自ずと違いが出てくる。

私自身はあのとき、新聞もここまで書いてくるようになったかと受け止めた。そして、「恐慌になることもありうる」という前提に立って、借金の大嫌いな私が九八年の秋に銀行借入をした。それは、どんな事態が訪れようとも、社員に二年分の給与を払えるだけの態勢を整えておくためだ。なぜ二年分なのか。日本経済がどん底に落ちたら、みんな地べたに手をついてそこから立ち上がろうとする。そうなると、火事場の馬鹿力というか、反発力が必然的に強くなる。だから、二年分の給与を確保できていれば、万が一恐慌になったとしてもなんとか乗り切ることができるだろうと考えたのだ。

そんな折り、日本を代表するある企業のトップから電話がかかってきて、

「みんな実に呑気だけれども、鳥羽さんは案外危機感をもって物事を考える人だから聞きたいんだが、日本経済の現状をどう思う？」

と聞かれた。

私は恐慌が来てもおかしくないと考えていること、そして、二年分の給与を確保したことを話した。すると今度は、「個人資産についてはどうする？」

と聞かれた。そういうところまで突っ込んで聞いてきたということは、この経営者が日本経済の状況をいかに深刻に受け止めていたかということの証拠だろう。

また、社員の給与を二年分確保したという話は、ある経済誌に掲載されてしまった。出版社の編集者には書かないでほしいと言っていたのだが、当の編集者は、「もうそこまで書かないとだめな時期に来ているんです」

と言っていた。

それから一年が過ぎて、銀行に対する国の救済措置がとられ、各方面から日本経済の明るい兆しを指摘する声が聞かれるようになった。だが、油断は禁物だ。アメリカ経済のインフレ懸念、株の暴落、急速に進む円高、金利上昇の予測など、日本経済を取り巻く環境は依然として厳しいものがある。決して手綱を緩めてはならない。危機感の欠如はさらなる危機を呼ぶことにもなる。

しかし、一年前に借入したお金は九九年一〇月末をもって全部返済した。それによる金利もばかにしてはならないが、それは危機に対する保険だったと思っている。

私は自分では人一倍、危機に対して敏感な体質だと思っている。そうした性格は幼少時代から過度に苦労して育ってきたことによるものかもしれない。高校を中途退学して東京に飛び出してきた私は、自分の将来に対して常に言い知れぬ不安を感じていた。また、会社を経営するようになってからも、倒産の危機と焙煎業界の危機、競合他社の市場参入など、私は常に危機感を抱きながら生きてきた。その過程で、危機に対する先見性、危機を察知する能力が知らず知らず育まれてきたのだろう。

だから、自分なりに一年先、二年先どころか、常に三年先、五年先、一〇年先の手を「今どのようにして打つか」と考えながらやっているつもりだ。常に危機感を抱くことによって、先の先を読み、そして、将来に対する準備、態勢を整えるという行動に結びついていく。今日問題が起きて明日よくなるというのであればよいが、この世の中はそんなに甘くはない。だから、一〇年先のことを考えて今からその対策を講じておかなければならない。これくらいにしてその時期にちょうど間に合うのではないかと思う。

治《ち》に居て乱を忘れず

悪いことがあると次には必ず良いことがあり、そして、良いことがあると必ず次に悪いことがやって来る。この世の中はその繰り返しである。良いことが永遠に続くことはありえない。このことは幾多の歴史書を紐解いても明々白々であるし、戦後の日本経済を見ても明らかなことだ。

日本は第二次世界大戦後、文字どおりゼロから再出発して、瞬く間に世界の先進国の仲間入りを果たした。その後、二度のオイルショックで経済は停滞したが、再び高度成長を遂げ、アメリカに次ぐ経済大国になった。いわゆるバブル経済の到来である。地価は為替レートは一気に一〇〇円を切り、瞬間的に八〇円台を切るまでに至った。地価は絶対に下がることはない。株価はこのまま右肩上がりで値上がりを続けて日経平均はいずれ一〇万円を突破するだろうとまで一部では言われていた。日本国中がまるで永遠の繁栄を約束されたかのように浮かれてしまった。しかしながら、現実はどうだったか。「山高ければ谷深し」の譬えどおり、日本経済は深い深い谷底へと転落してしまった。

良いことがあると次に悪いことがある。悪いことがあると次に良いことがある。私自身の経験からも、これは永遠の真理であると思う。「治に居て乱を忘れず」という言葉がある。「世の中が平和で治まっているときに、戦争が起こることを常に予測して、それに備えなさい」ということを古人が言っているわけである。すべてが順調、好調にいっているときに何かが起きてくる。その何かに備えて常に危機意識を忘れずにいることがやはり大切なことだと思う。

「驕る平家は久しからず」とはよく言われることだが、平家は清盛のときに時の権力者である後白河法皇を退けるほどの絶大なる権勢を誇り、「平家に非ずば人に非ず」とまで言われたほどの栄華を極めた。だが、清盛死後、平家は瞬く間に源氏に滅ぼされてしまった。まだ幼い子ども、女性たちまでもが死に追いやられてしまった。それは見方を変えれば、平家の血を根絶やしにしなければならないと思わせるほど、平家の驕り高ぶりが目に余るものだったとも言えるだろう。

たとえ物事が順調に進んでいても、あるいは自分がどんなに恵まれた地位にあっても、決して驕っていてはならないし、ましてや周囲の人たちに対して高圧的な態度で接してはならない。私は「驕る平家は久しからず」という言葉を肝に銘じている。もしかしたら、万が一にも私の気づかぬところで多少なりとも驕った部分があるのではないかと、常に自らを省みるように心がけているつもりだ。

私は人から「慎重な人だ」とか「石橋を叩いて渡るような性格だ」と、たびたび言われることがある。それは、前章で述べたように、詐欺に引っかかってお金を騙し取られてしまった経験があるからで、その事件以来、ちょっと調子がよくなって、自分自身いい気になっていると、「また落ちるぞ」という声が聞こえてくるようになった。

ただ、やはり気をつけなければならないのは、どんなに石橋を叩いて渡るような性格の持ち主であっても、何度となく無事に石橋を渡っているうちに、無意識のうちに油断をしてしまうことがあるということだ。たった一度の油断、ほんの一瞬の不注意によってそれまで長年かけて築き上げてきたものを一瞬にして失ってしまう。そうしたことは決してめずらしいことではない。だから、よほど気を引き締めておかなければならない。だからといって、決して萎縮してはならない。慎重に考え、決断したならば、大胆に実行し、成功するまでやめないことだと思う。

危機感が人間を突き動かす

私なりの考え方ではあるが、「人間の行動原理」というものは次の七つの要素によるのではないかと考えている。

①ハングリー精神
②危機感、不安の克服
③負けず嫌い
④責任感
⑤夢の実現

⑥名誉欲（自慢欲）
⑦使命感

人間が行動を起こす要素はこのほかにもいろいろとあるとは思うが、主にこの七つに集約されるのではないだろうか。

スポーツの世界で、「ハングリー精神がここまで私を支えてきた」というような話をよく聞く。たしかに、ハングリー精神というものは人間を前へ前へと突き動かす強力な原動力となる。ただ、戦前や終戦直後の、生きていくことに必死だった時代ならともかく、経済がここまで発展し、衣食住に何ひとつ不自由を感じない、豊かで恵まれたこの時代に、ハングリー精神を持つということはなかなか難しいことではある。

私の率直な感想から言うと、この七つの要素の中でいちばん重要なことは「危機感」ではないかと考える。人間というのは、物事がうまくいっているときはついつい状況判断が甘くなったり、打算で物事を考えてしまったりしがちになる。

将来的な危機感を絶えず感じ取っているような状況にいるときが、いちばん冷静に、客観的に物事を判断することができるし、適切な対応をとることができる。私自身いち早く将来起こるであろう危機を敏感に感じ取ったことが、ここまでドトールコーヒーが成長を続けてこられた最大の要因だと思っている。現在の事業体系をつくりえた最大の要因はまさにその点にあったと言っても過言ではないだろう。

危機感は時として道なき道を切り開くこともある。その典型的な例が織田信長が今川義元を打ち破った「桶狭間の戦い」ではないか。

ある本によると、信長は今川軍との戦いを前に、お濃の方の膝の上で寝ていたと書かれている。いかにも余裕をもって戦いに臨むといった感じで書かれているのだが、生死の境目にあってそんな余裕など持てるはずがない。たった三〇〇〇騎で四万騎の今川軍を相手に真っ向勝負で勝てるわけはないし、籠城したところで勝ち目はない。負けても平気だというのであれば降伏して無血開城していたであろう。しかしながら、信長は負けることは一切考えなかった。ただ勝つことだけを、勝てる手段だけを、お濃の方の膝の上で悶々と考えていたはずだ。

そこで信長は土地の狭い桶狭間に目をつけた。もし、今川軍が桶狭間に野営したら戦線が横に延びきる。それならば一点集中して攻撃を仕掛けることができる。さっそく信長は今川の四万騎が一体どこに野営するか、間者を走らせることにしたわけである。そして、今川軍が桶狭間の真ん中に陣を張ったと知るや、馬に飛び乗って自ら先頭になって走っていった。

熱田神社まで馬を走らせて、戦勝を祈願する。そこで兵が揃うのを待って初めて、信長は作戦を打ち明ける。もし、事前に作戦を打ち明けていたら、今川方の放った間者に露顕してしまう。事前に少しでも情報が洩れてしまったら奇襲にはならない。信長はそこまで用意周到だった。天の加護か、雨が降ってきて、馬のひづめの音が消える。そして、馬で駆け降りることのできないほど急な崖を一気に駆け降りて、今川義元の首ひとつ目がけて攻め入ったのである。

自軍の一〇倍以上の戦力を誇った今川軍を相手に勝利をものにした織田信長。不可能を可能にしたのはまさに信長の危機意識と、考えに考え抜いた末の大胆な、捨て身な行動だった。その反対に勝って当然と目されていた今川義元。その義元を破滅に導いたのはなんだったのか。それは「信長の三〇〇〇騎など取るに足らぬ」「まさかこんなところで戦を仕掛けてくることはなかろう」といった、まさに義元自身の危機意識の欠如であり、驕りであったと言うことができるだろう。

商売、経営の要諦もまさにこの点にある。常に自分たちの将来に危機感を抱き、どうしたら危機を乗り越えられるか、とことん考え抜くことだ。負けるのがいやであれば、どうしたら勝てるか、それだけに思いをめぐらすことだ。商売というのは感情のおもむくままにやっていては絶対にうまくいかない。心の内に迷いがあるうちは考えつづけることだ。必要とあらば人の意見にも真摯《しんし》に耳を傾ける。そして、こうと確信したら翻さずに、一気に行動に移す。いったん行動を起こしたら、何がなんでも成功を収めなければならない。

相手が誰であろうと負けるわけにはいかない

企業というものは常に成長性豊かな市場に目を向けるものだ。とくに、ニュービジネスに乗り出した企業にとって脅威となるもののひとつに、大手企業の参入がある。せっかく新しいマーケットを開拓しても、それが順調に推移しはじめて、市場に将来性があると分かると、虎視《こし》眈々《たんたん》とチャンスをうかがっていた大手企業が資本力にものを言わせて参入してくる。資本力に乏しい、規模の小さな企業にとってこれほどの危機はほかにないだろう。

ただ、こうしたことはどの業界にも言えることで、ビジネスの世界では日常茶飯事だ。だから、常に危機感を抱いて、そして、どんな相手が参入してこようとも生き残りを図らなければならない。

われわれもドトールコーヒーショップをつくり出して、順調に店舗網を拡大しはじめた矢先に、大手企業参入という危機に直面した。なかでもドイツのチボーが日本の大手スーパーと組んで進出してきたときは本当に揺すぶられた。当時、ドイツはアメリカに次ぐコーヒー消費国。チボーはドイツのナンバーワンのコーヒーメーカーで、しかも、化粧品もビールもタバコも扱っている世界的なコングロマリットだ。また、私が喫茶店経営に乗り出したときに模範としてやってきたところでもある。

最初のうちチボーは自分たちで立地を探していたのだが、どうしてもいい場所が見つからなくて、チボーの営業部長と企画室長がやってきて、われわれに提携を申し入れてきた。ところが、提携と言っても実際には「うちと提携しろ」と言わんばかりの高圧的な態度だった。私は恐怖におののきながらも、平静さを保つことに努めた。受け入れるべきことは受け入れ、受け入れられないことは断固として受け入れない。私はそうした是々非々の態度で交渉の場に臨んだ。

結局のところ、何度か話し合いの場はもったものの、いつまで経っても平行線のままで、お互いに結び合うものがなく、物別れに終わった。それでチボーはドトールコーヒーショップより三〇円も安い、一杯一二〇円という価格で、吉祥寺に第一号店をオープンしたのである。正直言って、「ドトールコーヒーショップを潰しにかかったな」という印象を受けた。

そうした動きに歩調を合わせるかのように、日本のビールメーカーがフランスのセボールと組んだり、別の大手スーパーが独自にコーヒーショップをつくるなど、大手資本がこぞって参入してきた。その戦いはコーヒー戦争と言われ、NHKのドキュメント番組でも取り上げられたほどであった。

では、その結果はどうだったか。あとから参入してきた大手企業組はことごとく撤退してしまったのだ。価格にしても店舗にしても、ドトールコーヒーショップと似たようなものが多かった。ところが、後発組は撤退を余儀なくされ、ドトールコーヒーはその牙城を守ることができた。その理由は一体どこにあるのだろうか。

それはひと言で言えば、企業哲学の違いに尽きる。儲かりそうだからやるのか、一杯のコーヒーを通じて安らぎと活力を提供したいと心から願ってやるのか。その違いは必ずどこかに表われてくるものだ。コーヒーの味の差であり、店舗の魅力の差であり、接客態度の差だ。また、お客様にもそうした違いを敏感にかぎ分ける嗅覚があるようだ。ただ単に形式だけを真似てやったものは感動、共感、共鳴を呼び起こすことなどできない。そこに魂が入っているのかどうか。経営理念があるのかどうか。さらには、店舗、商品など、お客様に提供するすべてのものがそうした企業理念に裏打ちされたものであるのかどうかということだと思う。

店の魅力、商品の魅力、人の魅力、あるいはその店を経営するうえでの願い。そうしたものが感じられないものは、しょせんは〝似て非なるもの〟に過ぎず、いくら資金をつぎ込んでもうまくいかないだろう。「仏をつくって魂を入れず」のことわざがあるように、肝心の魂、哲学、正しい願いというものがそこに込められていなければ、なんの意味もない。

ところで、市場戦略において私が脅威に感じるのは、何も同業他社の動向だけに限ったことではない。他業界であってもドトールコーヒーのチェーンよりも収益力の高いところが現われてくるとなると、これは大変な危機になってくる。

また、いまヨーロッパの高級ブランドが大阪の御堂筋や銀座の並木通り、青山の表参道など、都心の一等地を独占しつつある。九八年、年初から秋口にかけて一気に円安が進行したとき、グッチ、ルイ・ヴィトン、セリーヌ、エルメスをはじめ、高級ブランドショップが次から次へと強力に出店攻勢を進めている。集客力がなくなってきた百貨店は、どんな条件を飲んでも高級ブランドショップを入れている。というより、もはや入っていただいているという表現のほうが正しいだろう。

最も収益力のあるところが最も高い保証金と家賃を払って、市場を席巻していく。これこそが企業間競争であり、こうした戦いはあらゆる業界との間で繰り広げられているわけだ。同業他社に負けさえしなければいいというものではない。どんな業態であろうと、ドトールコーヒー以上に強い収益力を持ったところが進出してくるとなると、われわれは立地を奪われていくことになる。だから、新たな戦いを挑んでくるところがあれば、それは常に危機になるし、どんな相手が来ようとも常に勝つ業態をつくらなければならない。

常に次の成功要因を探す

商売というのは弱肉強食の世界だ。自然界の法則となんら変わりはない。相手がより強くなったらそれ以上にこちらが強くなることが求められてくる。では、常に強い業態でありつづけるためにはどうしたらいいのか。まず第一に、徹底的に本業を深化させることである。ドトールコーヒーで言えば、「商品の魅力」「店舗の魅力」「人の魅力」という、三つの魅力をいかに高めていくかということになるだろう。そして、次に、経営環境の変化にうまく対応して、次の成功要因、事業の継続的成長要因をいかに探しつづけるかということだと思う。

それこそが商売を継続的に成功させる秘訣なのだ。私自身、これから先の成長を確保しているときは心穏やかになるし、成長要因が見つからないときは心が休まらない。

成長要因がないと不安に感じるからこそ、あらゆるものに目を配るし、その中からビジネスチャンスを掴んでものにしていくことができる。企業の成長要因を探すことが趣味であると言えるようになれば、これほど強い武器になるものはない。

たとえば、ビジネス街というのはわれわれのような業界から見れば、これから衰退に向かうことが予想されている。ビジネス街というとかつては六日商売だったが、今は五日しか商売できない。それどころか、将来的には週休三日制になることも十分に考えられるわけだから、四日商売になることもありうる。われわれはそうした環境の変化に対応しつつ、なおかつビジネス街でも商売ができるようにしておかなければならない。それが経営環境の変化に対応するということだ。

また、今後ますます加速すると思われる経営環境の変化のひとつに、規制緩和の進展がある。たとえば、現在、ガソリンスタンドは全国で約七万軒あると言われているが、規制緩和による競争激化でそのうち約二万軒が潰れるだろうと言われている。また、これまではガソリンスタンドで飲食物を売ることに関してかなりの制限があったが、規制緩和の進展によって、これからは飲食店を併設するガソリンスタンドがかなり増えていくことが予想されている。

そうした流れに沿って、われわれは最大手の石油会社と提携して、ガソリンスタンドにドトールコーヒーのコーヒーショップを併設することになった。ガソリンスタンドの淘汰が進んでも、全国で約五万軒は残るわけだから、そのうちの二パーセントに出店したとしても、それだけで一〇〇〇軒になる。われわれにとっては規制緩和によって新たな市場が生まれてくることになる。

このように、規制緩和をはじめ経営環境の変化によって、各企業とも厳しい競争にさらされることになる。だが、ビジネスチャンスというのは変化の激しいときにこそ生まれる。変化にうまく対応した企業は大きなチャンスを掴むことになるし、その一方で変化にうまく対応しきれずに環境の変化という大波に飲み込まれて、撤退を余儀なくされる企業も出てくる。こうしたことからも、常に危機意識を忘れず、当面の課題は猛スピードで片づけ、三年先、五年先、一〇年先を見据えていかなければならない。

足場を固めてから身の丈を大きくする

今後数年間、世界経済は混迷期に入り、企業は大きな経営環境の変化、競争激化の荒波に飲み込まれることになる。そうした時期を迎えて、ドトールコーヒーは腰を据えて、こつこつと品質を高める努力、フランチャイズのノウハウを高める努力を積み上げていかなければならないと思っている。

堅実経営という言葉がある。何が堅実で、何が堅実でないか。私が思うに、堅実経営というのは本業の深化に徹して、信用状況をこつこつと積み重ねながら、その上に企業の拡大を図っていくことだと思う。言い換えれば、足元を一歩一歩固めていきながら、身の丈を大きくしていくということであり、一気に実力以上のことはやらないことではないかと思う。

たとえば、ソニーという企業は以前、「家電業界のモルモット」と言われていた。ソニーが新しい商品を市場に出すと、大手電機メーカーは様子を見てから市場に参入していった。つまり、ソニーは市場のモルモットで、他社の市場をつくり出す役割を果たしてきたのである。ところが、ソニーはそれでも自分のペースを守りながら、本業の深化に邁進して、悪戦苦闘をしながらも技術力を蓄えていった。そして、今日の技術力、ブランド力を確立して、今では先手先手で他社の追随を許さぬ新商品を開発し、目ざましい発展を遂げている。

イトーヨーカ堂にしても然りだ。わずか数坪の店から出発し、どのような時代にあっても投機的な考えをもたず、ただひたすら経営力、商品力、販売のノウハウを高めることに努め、本業の小売業に徹した。その結果、今日、流通業トップの利益をあげている。

世の中には借金をして経営するのが当たり前と考える経営者と、借金をしないのが当たり前という前提に立っている経営者がいる。入ってくるお金より出ていくお金を少なくすることに最大限の努力を払う。これが堅実経営ということだと思う。借金をしないのが当たり前という前提に立っている経営者は人員計画にしろ、生産、販売計画にしろ、何事においてもすべてに厳しい。今まさに、こうした経営姿勢の違いが業績の差となって歴然と表われてきている。

不満を口にするよりもまずは自らを省みること

一九九七（平成九）年、タイ・バーツ暴落を発端にアジアで金融不安が広まったが、その状況を見ても分かるように、大きく落ち込んだのはタイ、韓国、インドネシア、マレーシアなど、実力以上の借金をしてきた国々だ。なかでも韓国はアジアの虎と言われながら、いちばん大きなダメージを受けてしまった。十数年前に韓国に行って話を聞いて驚いたことは、ビルの前には必ずと言っていいほど豪華なモニュメントがつくられている。それは法規制によって定められていると聞き、そのときはなんとなく不安を感じた。韓国経済はどこか派手なところがあって、いつも実力以上の借金をしていた。それに対して、実力の範囲内でやってきた台湾、シンガポールはあまり深刻なダメージを受けていない。台湾は日本を凌ぐあれほど外貨を集める国でありながら、質素なところがある。

日本もバブル期を通じて実体経済以上のマネーゲームを繰り広げてきてしまった。多くの企業がこぞって実力以上の借金をして、不動産を買いあさったり、多角化と称してノウハウもないままに本業とはかけ離れた分野に進出したりしてしまった。ある都市銀行には「堅実にして浮利を追わず」という昔ながらの社訓があるのだが、日本の銀行のほとんどが不堅実にして浮利を追ってしまった。人から預かったお金は健全に運用しなければならないにもかかわらず、銀行も貸出競争を繰り広げてしまって、あまりにも不健全、無責任な貸し方をしてしまったのである。

いま破綻を来しているのは、すべてとは言わないが、実力以上のことをしてきた企業だと思っている。経済が右肩上がりで順境にまわっていく状況であればまだしも、経済は大きな波で動いているわけで、お金を借りて事業を拡大して、大きく羽ばたいても、その次には必ず大きな波、景気変動がやってくることを予測しなければならない。ところが、人間というものは物事が順調に進んでいるときはどうしても有頂天になってしまうものだ。そして、いったんバブルがはじけて状況が一変すると、「銀行は貸し渋りをしている」「銀行は冷たい」と不平不満を言うようになる。これは企業のみならず、個人についても言えることだ。

たしかに、バブル期以降、銀行が常軌を逸した経営をしてきたことは事実だ。ただ、銀行は冷たいからお金を貸さないとか、温かいからお金を貸すというわけではない。銀行は確実に返してくれるところ、リスクのないところに貸すというだけのことだ。銀行がお金を貸さずに預金ばかり集めて金利を払っていたら銀行の商売は成り立たない。銀行がお金を貸さないのはその会社の信用状況が良くないからだ。銀行というのはある意味で、自分を計る物差しであり、企業の経営状態を映す鏡でもある。私は半期ごとに決算書を銀行に持っていくのだが、そのときは父親や母親に通信簿を見せるような思いで持っていく。銀行がなんなくお金を貸してくれたら健全な経営をしているという証拠になる。

要は銀行からいつでもお金を借りられるような信用状況、強い経営体質をつくらなければいけないということだ。たとえば品質が良いとか、コストが安いとか、大量に売れるとか、経営コストが低いとか、常に自分を有利な位置におくような努力が必要なのだと思う。にもかかわらず、銀行は冷たいと不平不満を言い、世間を責めてばかりで、自分を責めないようであれば、いつまで経っても経営体質は改善されない。だから、銀行の冷たさのみを責め、自分の経営のあり方を省みない人は商売ができない人だということにもなるだろう。

毎年、いくつもの会社が生まれ、その一方で数多くの会社が倒産していく。会社も国も個人も、バブル期を見ても分かるように、自分の力以上のことをやったとき、原理・原則から逸脱したときに破綻が来る。成長のために多少の背伸びが必要なことも事実ではあるが、何事も「過ぎたるは及ばざるが如し」で、背伸びのしすぎは危険だと思う。

第五章　一五〇円コーヒーの顧客第一主義

コーヒー一杯一五〇円の根拠

現在、ドトールコーヒーショップのコーヒーの価格は二〇〇円だが、一九八〇（昭和五五）年にオープンしてからおよそ二〇年間は一五〇円だった。それは当時の一般的な喫茶店と比較すると約半分の価格で、立ち飲みというそれまでにないスタイルとともに、一五〇円という価格はお客様、同業他社の注目を大いに集めた。

「なぜ一五〇円という価格にしたのか」

「一五〇円で勝算はあるのか」

オープン早々からそうした声をあちらこちらで耳にした。だが、当時の反響としては、「いつまでもつか」「半分の値段で利益など出るはずがない」といった批判的な声が大半を占めていたのである。誰もが成功するとは思ってもいなかったのだ。なかには、オープンしてからしばらく経ってからのことだが、ある企業のトップから、

「いつまでディスカウントを続けるつもりですか」

と聞かれたこともあった。

これには正直言って驚かされた。私はディスカウントでやっているつもりなど毛頭

なかったからだ。たしかに、オープンしてある期間はお試し価格、記念価格など、何割引きかで販売するというのはよくあることだ。しかしながら、ドトールコーヒーショップの一五〇円という価格はあくまでも適正な価格であって、決してディスカウント価格ではない。ただ、ディスカウントという言葉が相手の口から出てくるということは、それほどインパクトがあったということなのだろう。

また、九八（平成一〇）年末に銀座にオープンした「ル カフェ ドトール」ではコーヒー一杯三八〇円という価格にしている。この価格にしても銀座の平均的な喫茶店と比べるとかなり割安な価格だ。銀座・三愛ビルと言えば、日本を代表する商業スポット。なぜ、そんな低価格で商売が成り立つのか。本当に利益が上がっているのか。読者の方々もドトールコーヒーの価格については大いに興味を持たれるところだろう。そのへんの経緯について、ドトールコーヒーショップを例に述べてみたいと思う。

先に述べたように、第二次オイルショックは長期にわたる景気低迷をもたらした。実質所得の低下という現象に私は、これはビジネスマンの人たちには大変だなということをまず最初に感じた。コーヒーを嗜好品として飲んでいたときならまだしも、もはやコーヒーは誰もが楽しむ必需品になっていた。朝一杯のコーヒーを飲まないと仕事が手につかないというビジネスマンにとって、可処分所得の減少は経済的に大きな負担になってしまう。そこで、かつてパリのシャンゼリゼ通りで見た、低価格の立ち飲みスタイルのコーヒーショップを今こそやらなければならないと思った。

では、コーヒー一杯の価格をどこに設定したらいいのだろうか。毎日飲んでも負担にならない価格とは一体いくらなのだろうか。そう考えたときに、なんの根拠もなく一五〇円というきりのいい数字が浮かんだ。「二〇〇円では高すぎる。一八〇円ではいかにも値引きをしたという感がある。やはり一五〇円しかない」。そう考えたのだ。

当時、売れ筋のタバコ一箱が一五〇円だったので、そのへんを意識したのかと質問されることがよくあったが、別段タバコの値段を意識したということではなかった。ただ、お客様が毎日飲んでも負担に感じない価格で、しかも、きりのいい価格にしよう、そう考えた結果の一五〇円だったのだ。

価格を決定する要素は何か

価格設定をする際にまず考えるべきことは、いくらで売ろうかということではなく、お客様はその商品にどういう価値を見いだしているのか、いくらなら買ってくれるだろうかということだ。それが価格を決定する最大の要素と言ってもいい。

たとえば何十万、何百万円もするロレックスの時計がある。その価格が高いかどうかは一概には決められない。なぜなら、ロレックスの時計にステータス、価値を感じている人にとってはたとえ何百万円であっても高くはないからだ。逆に言えば、時計というものに価値を見いだしていない人にとっては、ロレックスどころか、たとえ何万円もしないような時計でも高いということになる。

要は企業サイドからのアプローチではなく、消費者サイドからのアプローチをしなければいけないということだ。にもかかわらず、お客様のことを考えずに、原価に利益を乗せて、それを売価にしているところがある。その売価が、偶然にも、お客様の考える価値と合致しているのならまだいいが、商品の価格がお客様の価値観と大きく乖離しているにもかかわらず、売れない売れないとぼやいて、その商品をだめにしてしまうケースがある。商品そのものは決して悪いものではなく、価格次第ではヒット商品になる可能性を秘めているかもしれないのに、誤った価格設定が商品を市場から追い出すことになる。

かなり前の話になるが、ハーバード大学を優秀な成績で卒業した人が私のところにやって来て、

「商売を始めたんだけれども、なかなかうまくいかない」

と相談を持ちかけてきたことがあった。よく話を聞いてみると、うまくいかない理由はすぐに分かった。その人物の披露するアメリカ仕込みの経営戦略はどれも理には適っていた。だが、そこにはひとつ、大きな忘れ物があったのだ。それはお客様の立場ということ。つまり、価格設定にしても販売促進にしても、お客様の立場で考えていなかったからだ。そこで私は松下幸之助氏の本を貸すことにした。

商売の神様と言われた故・松下幸之助氏はかつて、自分でつくったものをいろいろなお客様のところに持っていっては、

「これ、なんぼで買うてくれるやろか」

と聞いて回ったという。すると、自分の意に反して高い金額をつける人もいれば、低い金額をつける人もいる。結局、その価値をお客様がどう認めるか、その価値を感じてくれた価格が正価だと思う。

しばらくして、またその人がやってきて、

「松下幸之助さんはあの時代にマーケティングをやっていたんですね」

と驚いていた。

彼の驚きように私は、「おやっ」と思った。まるで彼の口ぶりが「アメリカでマーケティング理論が確立される以前に、すでに松下氏がマーケティング理論を実践して

いた」という感じだったからだ。こうしたことは古今東西を問わず商売の基本中の基本。たまたま松下幸之助氏の時代にマーケティングという言葉が日本になかっただけのことなのだ。

一五〇円で売るための企業努力

価格設定をする際には、企業サイドからのアプローチではなく、消費者サイドからのアプローチをしなければいけない。そして、売価が決まれば経営努力によってコストを引き下げていって、その売価で採算が合うようにしていく。これは商売の基本中の基本だ。

コーヒー一杯の価格を一五〇円と決めたら、次に考えるべきことは「では一五〇円で売るためにはどうしたらいいのか」ということだ。一五〇円でも利益を生み出せる仕組みづくりを考えなければいけない。だからといって、どこかでコストを抑えようとするあまりに、アルバイトの数をむやみやたらと少なくして人件費を抑えたり、店のつくりを安普請にして建築費を浮かせようなどと考えるのは愚の骨頂に他ならない。

私がまず考えたことは何か。それは「一杯一五〇円なのだから、ひとりでも多くの人にドトールコーヒーショップを利用してもらえるようにする」ということだった。そのためには駅前や繁華街の中心部など、一等地に立地をしなければならない。一等地はテナント料が高くつくから採算が合わないのではないか、と疑問を持たれる方がいるかもしれない。しかしながら、一五〇円で売るからこそ一等地に出店して、低価格・高回転にし、ひとりでも多くの人に利用してもらえるようにしなければならない、と私は考えた。

要は、（一五〇円×来店者数）という単純な掛け算だ。もし、テナント料を低く抑えようとして、繁華街の外れなど、人の動線から外れたところに店を構えたとしたらどうなるか。テナント料はたしかに安く済むかもしれない。だが、肝心の来店者数は半減してしまう。ドトールコーヒーショップが成り立つのは二等地でもなければ三等地でもない。一等地しかない。たとえば駅前にあれば、店前流動人口がきわめて高いので、そのほうがはるかに売上げが上がるし、販売杯数が増えれば増えるほどコストは下がり、利益率も上がっていくことになる。

次に考えたのは「より多くのお客様に行き届いたきめ細かいサービスを提供するためにはどうしたらいいのか」ということであった。たとえ一等地に店を構えても、一人ひとりのお客様に満足のいくサービスを提供できなければ、いずれ店に閑古鳥が鳴く。そうならないために、働くスタッフの労働負担を少なくして、笑顔でサービスにあたれるようセルフサービスのコーヒーショップにしようと考えた。このことは当時のコーヒーショップにとっては革新的な出来事だった。

セルフサービス化し、お客様をお待たせしないために、徹底的な機械化を図ることを考えた。まず最初に、今日入社したパートナーでもおいしいコーヒーがいれられるようにドイツ製のフルオートマチックの機械を買うことにした。パンを焼くのも当時としてはきわめてめずらしいコンベアトースターを導入した。これは人員の省力化に力を発揮してくれた。さらには、食器の洗浄についても人手ではなく洗浄器でやることにした。洗浄器についても国内には良い機械がなかったのでスウェーデン製のものを買い入れた。その機械があれば水は必要最小限で済むし、拭く手間を省き、仕事を楽にすることができた。

こうして機械化を進めることによって、経験の浅いアルバイトでも効率よく仕事ができるようになり、一人当たりの労働生産性が飛躍的に高められていく。従来のフルサービス型の喫茶店では二〇〇人のお客様に対して常時四名のスタッフだった。だが、セルフサービス型のドトールコーヒーショップでは同じ四名のスタッフで八〇〇人以上のお客様にきめ細かいサービスを提供することができるようになった。日本の喫茶業界においてはまさに一八〇度の発想の転換であった。

ドトールコーヒーではまた、一九八五（昭和六〇）年に、「おおらかなスパゲティハウス」をコンセプトにした「オリーブの木」をオープンして、フランチャイズ展開している。「オリーブの木」ではスパゲティ麺の自社開発から着手したのだが、スパロボと呼ばれる自動炒め機、全自動ゆで麺機を開発、改良して、省力化を達成した。飲食品を扱う場合、どうしてもコックの腕の良し悪しが集客力を左右するのは否めない。そうなると、店の経営者はお客様よりもコックの顔色をうかがいながら商売をしがちになってしまって、お客様に満足のいくサービスを提供できなくなってしまう。そこで、独自に機械を開発して、腕の良いコックに勝るとも劣らない味を実現して、スタッフがお客様のサービスに全神経を集中できるようにしたのだ。

当然のことながら、こうした機械化を推し進める場合、初期の投下資本はかさんでくる。とくに、ドイツ製のコーヒー抽出機は高級車をゆうに一台買えるほどのとても高価な機械だった。それでも私は機械化を推し進めることになんのためらいもなかった。要は投下資本効率なのである。投下資本効率が見合えば投下資本の多寡はあまり気にしなくてもいいと思う。ところが、一般的には、まず最初に投下資本がどれくらいかかるかということを考えがちだ。そこで、ただ単に投下資本がかさむという理由だけで機械化を断念してしまうケースが多いのではないだろうか。

次のような例がある。あるコンビニエンスストアがセルフサービスのコーヒーを売り出すことになり、あるメーカーのオートマチックの機械を全店で導入した。ところが、コーヒーの売れ行きはいつまで経ってもよくならなかった。そのまま続けるか、それとも撤退するか、さんざん迷った挙げ句、なんとその最終判断を私に任せると言ってきたのである。話を聞いただけでは判断できないので、どうして売れないのか、私はとりあえずその機械を見せてもらうことにした。

そして、そのコーヒー抽出機を見たときに、売れない理由がすぐに理解できた。なぜなら、その機械が文字どおり金属の塊で、ボタンを押したら液体の化学薬品でも出てくるのではないかと思ってしまうような代物だったからだ。コーヒーを売るにあたって味の良さはもちろん何よりも大切な要素だ。だが、コーヒーを飲む雰囲気というのも大切な要素のひとつなのだ。そこで私はドトールコーヒーの機械を見てもらうことにした。すると、そのコンビニエンスストアの担当者は、

「なるほどこれなら売れる。検討してみます」

と言って、帰っていった。結果はどうなったかというと、投下資本が大きいという

理由によって断念してしまった。

モノを売るとき、初期投資はどれくらいかかるか、商品の原価を計算し、そこから何割儲けるか、それで最終利益はどれくらい出るか、という発想で価格設定をする企業が多いように思う。しかしながら、私の場合は、お客様はいくらなら買ってくれるだろうかというところから価格設定をして、あとから売上げを高めていくことでコストダウンを図り、利益率を高めるというやり方を貫いている。つまり、「顧客第一主義」というのは価格設定の段階からすでに始まっている。

それはコーヒーに限らず、他の商品についても言えることだ。ドトールコーヒーショップオープンに際してジャーマンドッグを売り出したが、当時の価格は一八〇円だった。発売当初は量が出ないのでほぼ原価に近い値段だった。だが、販売量が増えていくにつれて原価が下がっていって、それで採算を合わせていくということになる。

商売の原点は顧客第一主義にあり

ところで、私が「顧客第一主義」という言葉を初めて聞いたのは今から四〇年ほど前のこと、「経営計画の立て方」というセミナーに参加したときのことだ。それまでの私は、松下幸之助氏や土光敏夫氏に代表される経営者の本、あるいは『三国志』や司馬遼太郎の『坂の上の雲』、さらには徳川家康や坂本竜馬などの歴史物を読んで、経営や組織のことを学んでいたのだが、アカデミックに経営のことを学んだ経験がなかったので、ぜひこの機会にきちんとしたかたちで経営計画の立て方を勉強しようと思ったのである。

そのセミナーで初めて顧客第一主義という言葉を聞いたとき、

「まさに経営の原点はこれだ！」

と、身体を揺るがすほど感動したことを今でもよく覚えている。こんな簡潔な言葉で経営のすべてを言い表わしている言葉はない。商売の原点はまさに顧客第一主義にあり、いかにお客様を大切にするかというところからすべてが出発していく。

それ以来私はさらに自信を深めて、顧客第一主義というものをどこまで深く、強く推進していくことができるかという一心でやってきたと言っても過言ではない。現在のところ、どれほど実現できているかどうかは分からないが、顧客第一主義というものが肌身にしみているというか、私自身の血肉になっているように思う。

今や、どんな企業も顧客第一主義ということを全面に謳っている。しかしながら、本当に顧客第一主義を実践できている企業がはたしてどれくらいあるのか、それは大いに疑問に感じるところだ。現実の企業活動をよく見ていると、それも単なる謳い文句に過ぎず、顧客のことは二の次になってしまっているケースが少なくないように思える。だが、お客様は真の顧客第一主義と単なる謳い文句、かたちだけの理念、ポリシーの違いをちゃんと見抜いているのだ。

一九九八（平成一〇）年のことになるが、ある大手都市銀行の上層部の方々から頼まれて幹部クラスに話をする機会があった。その銀行には古くから「自利他利公私一如」という基本的なポリシーがあるのだが、「今日の時代的背景から考えると、そこに根本的な誤りがある」と、私はその場で指摘させていただいた。細かいことになるが、「自利他利」ではなく、「他利自利」でなければならないのだ。まず最初に図るべきはお客様の利益。それができて、なおかついかに自分の利益を図るかということだと思う。

富ませる者は富む

自分の利益を最優先に考えているようでは商売はうまくいくはずがない。顧客をないがしろにして、自利を追い求めているところはやがてじり貧になっていく運命にある。たとえば、実際に私が体験したことで次のような事例がある。夫婦で料理店をやっているところがあって、いつ行っても清潔で、味も文句のない店だった。それでも私は、いつかこの店はだめになるだろうなと感じていた。それからしばらくして、再びこの店に行ってみたところ、案の定、店をたたんでしまっていた。なぜかというと、いつも奥さんが、

「お刺し身はいかがですか」「〇〇はどうですか……」

と言って、お客様の望むものを売るのではなく、値の張るものばかりをお客様に勧めようとしていたからだ。いかに客単価を上げるか、そうした貪る心というか、我欲の強い人は商売には向かない。どんなにおいしくて、きれいな店であっても、お客様というのは売る側の心理を見抜くものだ。父親がよく「金の貧乏をしても心の貧乏するな」と語っていたが、心の貧乏が商売に負けたといっていいだろう。

このように、何はさておき自分たちの儲けばかりを考える人は論外として、気をつけなければならないのは、知らぬ間にお客様のことをないがしろにして、自利を優先して、他利をおろそかにしてしまうことだ。

この深刻な不況の中で企業は躍起になってリストラ、コスト削減を推し進めている。ただ、その場合によく見受けられるのは、質や量を落としてコストを削減してしまう

ことだ。質、量を落とさずに価格を下げる工夫をしなければいけないのに、まず先に質や量を落としてしまう。なんといっても手っとり早い方法だから、そこから手をつけてしまうのだろうが、それは結果的にお客様に不利益をもたらすことになるだけだ。

私は自分の会社が知らぬ間にそうした方向に流れることを恐れている。もし、そうした兆候を少しでも感じると、毎週月曜日に開かれる幹部会議で、

「最近、コスト病にかかっているぞ」

と口を酸っぱくして言うことにしている。繰り返し口にすることで私の考えが取締役、事業部長クラスに浸透し、今度は彼らがそのことを部下に唱えてくれるようになる。そうして「顧客第一主義」に根ざした社風ができ上がっていき、組織が一段階高いレベルになっていくことを願っている。

商売をする以上、利益はもちろん大切なことだ。利益の上がらないような企業は次の成長発展を望めないばかりか、存続することが許されない。だが、そのことがどんな手段を講じてでも利益を上げていいという理由にはならない。何よりもまず考えなければならないのは社会性ということだ。利害得失にとらわれやすい人、利害だけで物事を判断してしまう人、こうした我利我利亡者にはなりたくない。

要はお客様にいかに喜んでいただくか、得意先をいかに富ませることができるかと

いうことだ。そうした努力を地道にこつこつとやりつづけていくことが、結果として自分たちを富ませることになるし、自分たちの幸福にもつながっていく。その積み重ねで高度の信用、信頼が寄せられ、企業はさらに押し上げられていくことになる。つまり、「富ませる者は富む」ということになると思う。

第六章　フランチャイズを成功させる要点

フランチャイズ・ビジネスを成功させるポイントとは

ここ数年、新聞の人材募集欄を見て気がつくことは、さまざまな業態で「フランチャイズ店オーナー」を募集していることである。われわれコーヒーショップ、コンビニエンスストア、ハンバーガーショップのみならず、宅配便、クリーニング、DPEなど、飲食・サービス業のさまざまな分野でフランチャイズ制を採り入れているところがますます目につくようになった。

ところが、さまざまな業態がフランチャイズ制を採り入れて成長を遂げている一方で、さまざまな問題、トラブルが表面化しはじめている。一部のコンビニエンスストア、ファストフードチェーンに見られるように、本部（フランチャイザー）に対してフランチャイズ店（フランチャイジー）のオーナーが集団で訴訟を起こすという問題が起きている。また、ダイヤモンド社発行の「週刊ダイヤモンド」は一九九九（平成一一）年二月六日号で「フランチャイズ大誤算」と題して巻頭でこの問題を大きく取り上げている。

現在騒がれているフランチャイズ制の問題について、個別にどうこう言うつもりはない。だが、フランチャイズ制を採り入れていなければ、ここまでのドトールコーヒーの成長はなかったものと考えている。ドトールコーヒーでは「カフェ　コロラド」をオープンした一九七二（昭和四七）年からボランタリー（のれん分け）、もしくはフランチャイズ制を採り入れている。四〇年近くやってきて、その成否は主に次の三点に集約されるのではないかと思う。

①本部の側でフランチャイズ・ビジネスのノウハウをどれだけ蓄積しているか。
②チェーン店に加盟するオーナーがどれだけ本気で商売をしてくれるか。
③本部とチェーン店の関係が共存共栄の関係にあるのかどうか。

ということだ。

トップ自ら支援の態度を示す

フランチャイズ・ビジネスを成功させる第一のポイントは、本部がどれだけフランチャイズ・ビジネスのノウハウを蓄積しているかという点だ。

店舗経営はすべてフランチャイズのオーナーに任せておけばいいというものではなく、直営店を経営して店舗ビジネスのノウハウを日々高めて、そうしたノウハウをフランチャイズ店に伝えていかなければならない。また、売上げの上がらない店舗のオーナーを指導していかなければならない。売上げが上がらない原因はどこにあるのか、改善のためには何をしなければならないのか、時には厳しい態度で臨むことも必要だ。

かつてこんなことがあった。あるコロラド店の近くにドトールコーヒーショップを出店する計画を進めていたとき、そのコロラド店のオーナー・Aさんが猛反発して、ドトールコーヒーショップの出店をなかなか了解してもらえなかったのである。われわれから見ると、経営上バッティングする距離、もしくは人の流れではないのだが、近くにドトールコーヒーショップをつくるという話が出たので、本人にしては穏やかではなかったと思う。「私たちが苦労しているというのに、本部はいったい何を考えているのか」

と不満をあらわにした。

Aさんは自分のすべてをコロラドに賭けていたのである。当社の取締役が何度も足を運んで理解してもらうことに努め、「ぜひ社長も行ってほしい」ということで、最終的には私からAさんに理解していただくよう、話をすることになった。

まず、コロラドに絶対影響がないように、商売のうえで影響はないと思いつつも、念には念を入れ、店の魅力を高めるためにも店内の薄汚れている壁面をドトールコーヒーの費用で全部塗り替えることにした。さらには、階段が非常に汚れていたので――本来はAさんが磨くべきことではあるのだが――とりあえずわれわれが磨きましょうということで、清掃業者を入れて磨かせることにした。

しかしながら、店をきれいにしただけですべての問題が解決するほど商売は甘くない。多くの人は少なからず長年の間にマンネリに陥った商売をしてしまう。何よりも大切なのはオーナー自身がマンネリから脱却すること、意識改革が重要だ。よく人は「私は本気でやっている」「真剣に取り組んでいるのに理解してもらえない」という言葉を口にする。だが、結果の出ない本気や真剣さは本気でやっているとは言えない。誠に始末が悪いのは本気や真剣さを計る計量器がないことである。本気や真剣さというものにもレベル、段位があると私は考えている。本気のレベルが名人の人もいれば、初段クラスの人もいる。新入社員やアルバイトであるなら、初段から二段、三段へとレベルアップを図っていけばいい。だが、店長、またはオーナーとしてひとつの店を切り盛りしている以上、高段者でなければならない。

だから、計画どおりの数字が出ないのであれば、いかなる努力をすれば売上げが上がるのか、われわれはオーナーに促していかなければならない。徹底して厳しく指導していくことがオーナーのためになるのである。そこまでやるとAさんも、

「本当に申し訳ない。社長まで来てここまでやってくれるんですか」

と感じてくれて、真剣にやろうという気になってくれた。その後、このコロラドは対前年比一四パーセントの売上げ増を果たした。そして、

「来年は目標一五パーセント増でいきます」

と言ってくれるようになった。また、Aさんはドトールコーヒーショップができたとき実際にその店を見に行ってみたとのことだ。当然自分の店に来ていたお客様がドトールコーヒーショップに行っているだろうと予想していたらしいが、ほとんど知らないお客様ばかりで、潜在顧客の多さに驚き、

「これからはドトールコーヒーショップとコロラドでもっと潜在顧客を引き出していかなければいけませんね」

と言うほどの、やる気を見せるようになってくれた。そのときのAさんの目の輝きはわれわれに不満をぶつけていたころのものとは明らかに違っていた。

ドトールコーヒーショップ出店がきっかけとなり、同時にこちらが社長まで行ってきちんとした対応をとり、ドトールコーヒーはどんなことがあってもチェーン店を応援するという姿勢を誠実に示し、さらには、より真剣に仕事に向かってもらえるようにオーナーを厳しく指導していく。それがフランチャイズ・ビジネスにおいては欠く

ことのできない重要な要素となっている。また、常にチェーン店を指導できる立場にいるために、われわれとしても直営店でさらにノウハウを積み上げていかなければならない。

常に指導的立場になければならないわれわれだが、企業の規模、事業の規模、あるいはチェーンの規模がどんどんと拡大していくにつれて、加盟店に対して知らず知らず不親切な対応をとってしまうケースが時としてある。結果的にチェーン店からの信頼を失ってしまうような不手際をしでかしてしまう。そうしたことは絶対に避けなければならない。

ここで、以前にチェーン店のオーナーから寄せられたクレームを紹介したいと思う。パソコンレジを導入することになったあるドトールコーヒーショップのチェーン店からのクレームだ。整理すると、次のような内容になる。

新しいパソコンレジの導入予定の日、そのチェーン店のスタッフは夜遅くまで待っていたにもかかわらず、いつまで経ってもレジは来ないし、なんの連絡もない。翌日に問い合わせをしてみたが、それに対する報告もなかった。さらに問い合わせをしたところ、なんと担当者から返ってきた答えは、「分からない」というものだった。

こうした苦情が寄せられると、なぜ、こんなことが起こってしまったのか、ドトールコーヒーという会社は一体どうなってしまっているのか、心底残念に思えてならない。こういうことは会社が衰退する方向にわざわざ努力をしているようなものだ。約束をしたことは必ず守る。約束を守るということが誠実ということの第一歩であり、誠実ということが非常に大きな価値を生み出すのだ。と同時に大切なのは、何かあってクレームが来たときは素早く対応することに最善の努力を払うことで、私はそのことを全社員に促している。「反応の早さは信頼の深さ」だということを忘れてはならない。

お客様は最高の広報マンであることを忘れるな

ひとりでも多くのお客様に安らぎと活力を提供したい。そして、日本全国各地をドトールコーヒーのコーヒーショップで埋め尽くしたい。それがひいてはお客様に喜ばれることになるし、社会にとっても有益なことにつながるだろう。当社はそうした思いで日々努力を続けている。

お客様からしばしば、「ドトールコーヒーのスタッフは本当によく働きますね」「私の主人がドトールコーヒーがあって本当に助かると言っています。これからも頑張ってください」というような、大変ありがたいお言葉をいただくことがある。先日もドトールコーヒーショップをご利用してくださっている若い男性の方からとてもうれしいお手紙をいただいた。要約すると、以下の内容になる。

「都内のあるドトールコーヒーショップに行ったとき、私は足を滑らせて、持っていたアイスコーヒーのグラスを床に落としてしまいました。すると、すぐに女性のスタッフが飛んできて片付けはじめたのです。ニヤニヤ笑いながら見ている周囲の目にうろたえながら、僕は自分がやると言ったのですが、そのスタッフは笑顔で〝それよりお洋服はだいじょうぶですか〟と声をかけてくれて、さらに新しいコーヒーを持ってきてくれました。手際の良い対応、惜しみない笑顔、それに、利益を二の次にし、顧客の立場を第一義的に考えるポリシー。僕は満点＋αを差し上げたい。そして、友人たちにも宣伝したい。そう思った。彼女はアルバイトかもしれない。しかし、店長の教育が良いのであろう。それは会社の方針が優れているからであろう。そう思って、貴社がますます好きになりました！

これからも質の良いサービスと質の良い製品を提供してくださるよう、よろしくお願いいたします」

こうした言葉をいただくたびに、この商売をやっていて本当によかったと心からうれしくなる。もっともっとお客様に喜んでもらいたいという励みにもなる。

お客様から寄せられる声がこのようにすべて温かいお言葉であれば、経営者としてこんなにうれしいことはないのだが、現実はなかなかそうはいかないものだ。時として寄せられるお叱り、クレームのお言葉に、こんなことでよく商売がやっていられるものだと本当に情けなく、そして恥ずかしく思うことがある。

お客様からこんなお叱りのお便りをいただいたこともある。

「私はドトール店内の落ち着いてくつろげる雰囲気が好きで、昨今のように暑い日々は、一日に三度利用することがあるほどです。店内の装飾品一つひとつにも、各店ごとにさりげない気配りがなされていて、自分の家の一室のような気さえするほどです。ところが、先日、ある店で驚くべき事態に遭遇し、筆を執らざるをえない気持ちになりました。そのとき、店内には男性社員一名と女性社員二名がいました。この男性社員がとにかく休むことなく常に女性社員に話しかけているのです。お客さんが入店したときはその瞬間だけ会話は中断しますが、商品を渡すとまたすぐにおしゃべりが始まり、その声量は店内のお客さんより大きいくらいでした。このような光景は、社員教育の行き届いていない場末の喫茶店ではたまに見かけますが、まさかドトールで遭遇するとは思いもかけないことだったので、なんだかいやな気分になりました。いつもより早めに席を立ち店を出ましたが、いつもは全員「恐れ入ります」「ありがとうございました」と気持ちよく声をかけてくれるのに、その日はついにまったく無視され、彼らは相変わらず会話に夢中になっていました。私はその店には開店以来二〇〇回は来ていますが（他店を含めると一〇〇〇回以上）、こんな不愉快になったのは初めてです。ドトールを愛する気持ちがあるから、このような告げ口めいたものを送ってしまいました。どうか今一度社員教育を見直され、居心地のいいお店づくりを今後ともお続けいただきますようお願いいたします」

商売をする者にとって、こうしたお手紙をいただくことほどつらいことはない。なかには、「金輪際行くつもりはない」「友人にもいい印象は話せない」といった声をいただくこともある。これほどこたえる言葉がほかにあるだろうか。

信頼というものは一夜にしてできるものではない。しかしながら、長年にわたって築き上げてきた信頼、信用を一夜どころか、ほんの一瞬の不注意で失ってしまうことになる。商売をする者にとってこれほど情けないことはない。

さらには、ひとりのお客様を失うことはそれ以上のお客様を失うことにつながる。たったひとりではあっても、お客様の心証を害してしまったら、そのお客様の知り合いの間でもドトールコーヒーの評判は悪くなってしまう。その反対に、「あそこの店はとても雰囲気がいい」とか「とてもおいしかったから、今度一緒に行きましょう」ということになれば、実際に店に友人を連れてきてくれるだろう。そういう意味でお客様というのは最高の広報マン、宣伝マンだということにもなる。ひとりのお客様の後ろには常に何人もの目に見えないお客様がいることを肝に銘じておかなければならない。

今、お客様からの投書はすべて私のところに来るようになっている。好意的な意見が多いのだが、苦情の言葉、お叱りの言葉も当然のことながら寄せられる。ドトールコーヒーでは、どういう苦情が寄せられたか、そういう問題点が生じた原因はどこにあるのか、そして、それに対してどのように対応し、処理したのか、それを社員、チェーン店向けの雑誌「DCS　NEWS」に掲載することにしている。お客様の声を一つひとつ大切にして、それをチェーン店とドトールコーヒーで共有していく。そうしたこともフランチャイズ・ビジネスを成功させる重要なポイントだと思う。

良いことであれば一層の励みにすればいいし、苦情やお叱りであればそれを戒めとして真摯に受け止めなければならない。マイナス面はともすればもみ消してしまいがちだが、そうしたことをしているようではいつまで経っても問題は改善されないし、再発防止にはつながらない。クレームを直接いただいているうちはまだいい。ファックスや電話を社長室にしないけれども、憤懣やるかたない気持ちでいるお客様もいることも想定しなければいけない。だからこそ、どんなに些細なクレームであっても、誠実に、そして迅速に対応していかなければならない。

オーナーとして歓迎する人、しない人

フランチャイズ・ビジネスを成功させる第二のポイントはオーナー自身の資質の問題だろう。われわれのような商売は〝店長産業〟と言われているように、店長に求めるところの比重は大きい。言い換えれば、いかにオーナー、店長が本気で正しいマニュアルに基づいた商売をしているかということであり、過度の本部依存的な考えの持ち主では商売は難しい。

たとえば同じような立地条件の店でも、オーナーの考え方次第、仕事に対する取り組み方次第で売上げが二割や三割違ってくる。

こんな例がある。あるフランチャイズ店はオープンして半年も経つのに、まったく採算に乗る気配がなかった。それでもオーナー夫婦はいつお客様が来店してもいいように、テーブルや床を磨き込んで準備をしていた。もちろん、焦りがなかったとは思

えない。だが、オーナー夫婦はめげることなく、明るい気持ちで日々努力を続けた。そうした気持ちがお客様に伝わらないはずがない。次第にお客様がお客様を呼び、一年経つころには安定した売上げを達成できるようになった。

また、逆にこんな例がある。あるフランチャイズ店の売上げが急激に落ち込んだ。その原因はどこにあったのか。それは、それまでは三人シフトのアルバイトでやっていたのに、利益を少しでも上げたいという思いから、ひとり減らしたがために、サービスの質が低下してしまったからだ。前章で述べたように、儲けることを第一に考えてしまうような人は商売に向かない。まず第一に、いかにお客様に喜んでいただくかという願いをもって商売をしているか、その差が売上げの差になって如実に表われてくるものだ。

われわれがフランチャイズに加盟するオーナーに求める条件として、人に喜ばれることが好き、コーヒーが好き、明るい性格、きれい好き、健康、計数管理ができることなど、いくつか挙げることができる。

そうした条件の中で、われわれがフランチャイズ店に加盟したいという人を面接するとき、まず第一に見るポイントはどこか。それは「人に喜ばれることが心から好きかどうか」ということだ。言い換えれば、「一杯のコーヒーを通じて人びとに安らぎと活力を提供することこそ喫茶業の使命」というドトールコーヒーのポリシーに心から共鳴してくれる人かどうかということだ。そういう心の持ち主でなければ手を携えて一緒にやっていくことは難しい。

ドトールコーヒーの場合、もともと喫茶店を経営している人がチェーンに加盟してくるケースはきわめて少ない。従来の喫茶店の既成概念を持っている人には、すべてというわけではないが、どうしても水商売という意識がある。水商売人は俗に言うドンブリ勘定的で、計数管理がずさんな傾向があり、企業的感覚に欠ける。したがって、物事の考え方を変えてもらうのに時間がかかってしまうので、そうした水商売人的感覚を持った人はわれわれとしては歓迎しない。

また、なかには「喫茶店でもやるか」といった感覚を持った人たちがいる。「○○でもやるか」という商売には、すぐに始めることができて、簡単で、きれいな仕事というイメージがあるようだ。そうした「でも商売」の代表的な例として喫茶店経営、ペンション経営、美容院経営などが挙げられているようだ。

たとえばペンション経営などというと、自然に囲まれた空気のきれいな場所にログハウス風の家を建てて、夫婦で楽しく仕事をするといったイメージがある。しかしながら、実際にはそんな甘いものではない。早朝から深夜まで労働条件はとても過酷なのである。また、美容師についても同じことが言える。清潔で明るい店舗で華やかなイメージを持たれるかもしれないが、昔はともかく、相当高いレベルの技術を身につけなければひとり立ちしてやっていくことはできないだろう。

それから、「でも商売」を志す人には人に喜ばれるのが本当に好きでやっている人がいる一方で、ある部分で都会で生きるのに疲れた人、組織からドロップアウトした人といったイメージがある。「もう組織で働くのはこりごりだ。それよりものんびりと喫茶店経営でもしよう」とか、「自然に恵まれた環境でペンションでもやろうか……」とか。そうした「でも商売」感覚でチェーン店に参加しようという人たちについても、われわれとしては歓迎しない。そもそも「○○でもやるか」という意識で商売をやってうまくいくものなど、何ひとつないのだ。

ドトールコーヒーのＩＲＰ精神

われわれのフランチャイズに加入することになったオーナーの方々には、まずＩＲＰ経営学院で教育研修を受けてもらうことにしている。ＩＲＰとは“Ideal Revolution Prosperity”の略語で、言葉に表わすと、「高い理想を掲げ、現状を打破し、革新しつづけることが永遠の繁栄をもたらす」という私の考えから、ドトールのＩＲＰ精神を掲げている。

そこで、オーナーの方々は約一カ月間にわたり教育プログラムを受けることになる。参加者の年齢層はさまざまだし、これまでの経歴も多岐にわたっている。ＩＲＰ経営学院では〝三忘の精神〟でプログラムに参加していただくことにしている。つまり、年齢、肩書、性別というものをすべてかなぐり捨ててもらう。年輩の人は年齢にこだわって素直に教育に入ってこられない傾向がある。とくに肩書のある人ほど、「おれは社会的地位があるから」という考えを強く持っている。だが、年齢、肩書、性別というものをすべてかなぐり捨てなければ、真剣に学ぼうという気持ちは湧き起こってこない。見栄、外聞、体裁、格好を気にしているようでは人間の体内に教育が入っていかない。

一カ月にわたる教育プログラムは一日八時間の講義が中心となり、その間七回の試験をクリアした者だけが卒業できる。ここではいかに儲けるかではなく、いかにお客様に喜ばれるかのノウハウを徹底して教育する。「お店を成功させるために最も重要なのは経営者その人の魅力」というドトールコーヒーの考え方を徹底してもらう。

さらには調理、接客、運営の技術に至るまで、店舗経営に必要なノウハウを身につけてもらう。あまりの厳しさに、最初のうちは逃げ出したくなる人もいるようだが、このカリキュラムを修了すると、商売に対する考え方ががらりと転換するようだ。商売というのはもちろん儲けることも大切なのだが、お客様が来てくださらなければ商売そのものが成り立たない。その当たり前のことに気づくことが店の経営者としていちばん大切なことだと思う。そのためにはお客様にいかに喜んでいただくかだが、言うは易く、行うは難しである。

参加者の中にはその意識改革に戸惑う人もかなり多いようだが、ともに苦しんだ仲間が最後の試験にパスして卒業できたとき、みんな本当に手を取り合って喜ぶ。そうした友情、人間愛といった人間的な結びつきを深めてもらうのもこの学校の目的のひとつになっている。最近は都会型のしらけた人間が増えているので、ＩＲＰ経営学院の研修は人間関係を見直すという点でも参加者たちには新鮮な刺激になっているようだ。

フランチャイズ制は共存共栄で初めて成り立つ

最後に、本部とチェーン店の関係についてである。フランチャイズ・ビジネスで失敗するケースの多くは、両者の関係が共存共栄の関係ではなく、支配者と被支配者の関係、強者と弱者の関係にあることがその原因になっている。だが、両者が共存共栄のより良き関係になければフランチャイズ・ビジネスに成功はないし、われわれ本部の繁栄もないと考えている。

ドトールコーヒーショップを始めて間もないころ、喫茶業界をはじめ、外食産業の関係者から次のような批判的な言葉を聞いた。

「あのコーヒー価格ではドトールコーヒー本部だけが儲かっていて、チェーン店は儲かっていないはずだ」

私はそうした声を聞いて、内心こう思ったものだ。チェーン店が儲からないようではこの業態は絶対に繁栄しない、と。さらには、他の外食産業の人たちがそういう考えでいてくれる以上、われわれを脅かすような競争相手は出てこないだろう、と。

実際に、新橋のある喫茶店はドトールコーヒーショップのチェーン店に加盟したことで利益が一気に三倍になったのだ。チェーン店が儲からないようではドトールコーヒー本部も当然のことながらうまくいかない。フランチャイズ・ビジネスを成功させるポイントはまさにこの点にあると言ってよいだろう。

現在、ドトールコーヒーショップをはじめ各店舗ともかなり初期投資が膨らんできているので、チェーン店のオーナーになる人はすでになんらかの事業をやっている人たちが多い。だが、コロラド、ドトールコーヒーショップを始めた当初は比較的少資本でできるということもあって、脱サラ組が多かった。

とくにコロラドを始めた一九七〇年代は脱サラ華やかなりし時代であった。だから、退職金、あるいは老後に備えて蓄えてきた預貯金をすべてはたいてチェーンに加盟する人たちも少なくなかった。われわれはその方々の生活を是が非でも守らなければいけないという、強い責任感をもって仕事をしてきたし、チェーン店の人たちに幸せになってもらうためには、常に厳しく指導をさせていただく責任があると思っている。

「鵜にならない、鵜匠にならない」

以前に、岐阜の長良川で鵜飼を見たことがある。鵜が捕らえてきた魚を鵜匠が舟の上で吐き出させる光景を見て――いくら伝統的な行事ではあっても――私はかわいそうでしょうがなかった。こうした鵜と鵜匠の関係はビジネスの世界でもよく見ることができるが、私は鵜にはなりたくないし、鵜匠になりたいとも思わない。

たとえば、かつての百貨店と納入業者もこうした鵜匠と鵜の関係にあった。ある中

堅商社に行ったとき、壁にずらっと絵画が並んでいた。その会社の社長はよほどの美術収集家なのかと思って、

「絵がお好きなんですね」

と尋ねたところ、実はそうではないのだ。その商社は商品をデパートに納入していて、儲けた分でやむをえず絵画を買っていたのだ。

ともすれば、世の中はとかく強い者が弱い者をいじめ、搾取するところがある。これまでの過程でそうした例を見聞するにつけ、私は「鵜にならない、鵜匠にならない」と心に強く誓ったのだ。自分が鵜になりたくないから、逆に鵜匠にもなりたくないのだ。

日本企業の接待交際費は年間何兆円にも上ると言われている。なかには「飲ませ、食わせ」で取引先の担当者にいい思いをさせて、ビジネスを円滑に進めようとしているところがある。また、強い立場にあるところの中にはそれを陰に陽に要求してくるケースもある。しかしながら、そんなことをやっている企業は早晩消えてなくなるだろう。なぜなら、そうしたことはビジネスの邪道であり、正道ではないからだ。

では、鵜にならないためにはどうしたらいいか。それは品質を高める、アイデア、商品力、ノウハウ、システムに全力を傾ける、そうしたビジネスの正道を地道に歩ん

でいくことだ。バブル崩壊後は、正道を歩んできた方々がますます強固な商売をしている。要は、企業のトップとして常に正道を歩んでいこうとするか、それとも端道を歩んでもいいと思うかである。私自身は端道を歩くつもりはないし、ドジョウのようにドロドロとした世界には生きたくない。常にビジネスの正道を歩んでいきたいし、鮎のように清流に棲みたいと思っている。

私がこの仕事を始めたころの喫茶業界は――すべてとは言わないが――まさにヘドロのような世界だった。商売が明日潰れてもおかしくないような状況にいると、それに類した人との付き合いしかできなくなるものだ。私自身はヘドロの中にいるドジョウには絶対になりたくない。上澄みの水に生きる鮎になるのだ。あくまでも清流、正道に生きるのだ……。そう思って努力を続けてきたつもりでいる。

こうしたことを言うと、「そのようなきれいごとだけで世の中は渡っていけないんじゃないですか」と言う人もいた。しかしながら、上澄みだけの世界もあるわけで、私はこれからも常にきれいなものだけを見て生きていこうと思っている。世の中には「清濁合わせて」という言葉があるが、その両方を飲むほどの器量の大きさは私にはない。だから、清の部分だけに生きていく。自分がそうした生き方を心から願うのであれば、それは可能なことだと思う。

第七章　こだわりこそ成長の原点

商売を成功に導く三つの魅力

一九八〇（昭和五五）年に原宿に誕生したドトールコーヒーショップ第一号店は間口四メートル、奥行き七メートルというわずか九坪の小さな店だった。その後に続々とオープンすることになったドトールコーヒーショップもせいぜい一〇坪前後の小さな店舗がほとんどなのだが、その小さな店舗に一日平均約八五〇人のお客様が来店される。池袋駅の西武線改札口前の店は一日約二八〇〇人、横浜駅前の店は二〇〇〇人以上にもなる。

斬新なスタイルのコーヒーショップ、一五〇円という低価格。ドトールコーヒーショップが成功したのはそれだけの理由によるものではない。どんなに斬新なスタイルのコーヒーショップであっても、どんなに価格が安いものであっても、それだけでこれほど多くのお客様に長年にわたりご利用いただけるものではない。

やはり、おいしいコーヒー、おいしい食べ物、清潔で気持ちの安らぐ店舗、行き届いたサービス。さまざまな要素がすべて高いレベルで実現できて初めて、お客様の満足に応えることができるのだ。つまり、お客様に選ばれる企業に成長するための条件、

ビジネスを成功させる条件というのは、

・商品の魅力
・店舗の魅力
・人の魅力

という三つの魅力をいかに高めていくかというところにある。業種によって多少の差はあるかもしれないが、基本的な部分はこの三点に集約できるだろう。また、こうした魅力を徹底的に高めていくことができたときに、どんな不況にも負けない強い体質の企業に進化していくことになるだろう。

魅力ある商品というものがいかにお客様にとって訴求力を持ったものであるか、つくづく感じさせられる例を紹介しよう。

以前にパリに行ったときのことだ。そのとき、一九七一年のヨーロッパ視察旅行での足跡をたどってみようと、サントノーレ通りを歩き、凱旋門に向かいシャンゼリゼ通りを歩いてみた。そして、かつてドトールコーヒーショップを発案したきっかけになった店の前にも久しぶりに行ってみて、この店であんなことを考えたのだなと、しみじみと感慨に耽っていた。

その際に、ある高級ブランドの本店に立ち寄ってみることにした。一歩店内に足を踏み入れてまず驚かされたのは日本人の観光客の多さだった。大挙して詰めかけ、大きな声でおしゃべりしながら買い物をする日本人に、閉口した店員の接客態度はかなり無愛想になっていた。買う側のマナーということももちろんあるし、そこに日本とフランスとの文化の違いがあるのも事実だが、お客様商売をしている私の目から見ると、店員のサービスの悪さは度を越していた。これでは買う側としても不愉快な気分になるものだが、そんなことをまったく気にする様子もなく、ショッピングを楽しんでいた。やはり商品の魅力、商品が本物であればこそお客様の支持を得ることができるのだ。

商品の魅力について、もうひとつ事例を紹介しよう。一九八〇年代に日米自動車摩擦が激化した。アメリカの議員たちのジャパン・バッシングは痛烈なものだった。だが、彼らの家族の多くがセカンドカーとして日本車を愛用していたと言われている。日本車の進出がアメリカの自動車業界に大きな打撃を与えたのも事実だが、その一方で、ガソリン消費が少ない、故障しないという日本車の品質の高さを評価していたということの表われだろう。

こうした例を考えても、商売をする以上、本物の商品をお客様に提供しつづけなければならないということを、あらためて考えさせられる。

うまさとは人の感動を呼び起こすものでなければならない

われわれの場合、商品の魅力というとまずコーヒーの品質である。ドトールコーヒーはコーヒー豆の焙煎・卸から出発した。会社を設立した当初は「品質もそれほど良くない」「値段も決して安くはない」、そして「会社そのものが信用がない」という、〝ないない尽くし〟の中で商売をやってきた。その過程で、コーヒーがまずいと言われて取り引きを断られたことも何度かあった。

そのときに、飲ませ食わせで取引先をつなぎ止める方法もある。実際に、そうした接待攻勢で取引先のご機嫌をとっているような会社も中にはあった。しかしながら、私にはそんな真似はできなかったし、ましてや取り引きを断ってきた相手の悪口を言うこともできなかった。相手が悪いのではない。商品に魅力がなかっただけのことなのだ。相手においしいと言ってもらえるようなコーヒーをつくることができなかった私のほうがいけないのだ。

そのとき私が考えたのは、「ようし、とにかく相手がまずいと言うのであれば、買っていただかなくてけっこうですと言えるようなコーヒーをつくろう」ということだった。相当な自信がなければそうは言えないわけだが、そういうコーヒーをつくろうという一心で日々努力を重ねてきている。コーヒーがまずいという理由で取り引きを断られたときの悔しさ、悲しさ、情けなさ、虚しさ。それが飛躍に向けての大きなバネになったのだと考えている。

先日、ある人から興味深い話を聞いた。誰もが知っている「ウサギとカメの競走」の話だ。ウサギはカメに勝つことだけを目標においてやってきた。だから、カメに大差をつけたときに安心して昼寝をしてしまった。一方のカメは、ウサギに勝つことではなく、丘の頂上を目標においてやってきた。その結果、時間はかかったけれども、最終的にはカメが勝った。要は目標をどこにおくかということ。それによって勝負に対する取り組み方、真剣さ、熱意が自ずと違ってくる。そういう内容の話だった。

私には自分の頭の中で思い描いているコーヒーの味がある。他社よりもおいしいコーヒーということで満足していてはならない。誰もがおいしいと称賛してくれるコーヒー、自分自身で心から納得できるコーヒーを目指しているのだ。まだ一度も「まずいと思うのなら買っていただかなくてけっこうです」と言ったことはないが、いつの日かそう言えるときが来ることを楽しみに日々努力しつづけている。ただし、それはそう言うことが本来の目的ではない。胸を張ってそう言えるだけのおいしいコーヒーをつくりたいという一心なのである。

ここにきてお客様からはおいしいコーヒーだと評価してもらえるようになった。私自身、驕り高ぶったことを言ったことはないが、まだ一〇〇点満点とは言えないにしろ、「きょうのコーヒーのお味はいかがでしたか」と胸を張って言えるようになった。だが、ドトールコーヒーのコーヒーがもっとおいしくなったら、もっと飛躍的に売れるはずだと、欲深いことも考えている。現状に甘んじることなく、一段階、さらにもう一段階上のコーヒーを求めつづけなければならないのだ。

ところで、食べ物に関しておいしさの尺度というものはない。たとえば、糖度や酸度など、特定の成分で科学的に計量できるものはあるが、食べ物のおいしさを総合的に判断する尺度はない。もし、コーヒーのおいしさが測定できれば便利なのだが、残念ながらうまさを計る客観的な物差しはない。

では、おいしさ、うまさというものをどのように判断したらいいのだろうか。その点についての私の考えは「うまさとは人の感動を呼び起こすものでなければならない」というものである。「あぁおいしい」「また飲みたい」、あるいは「あの人にもぜひとも飲ませてあげたい」と思ってもらえるかどうかということだ。

お客様に感動してもらうためには、何よりも自分自身で感動できるものでなければならない。自分自身で感激できないものを、どうしてほかの人が感激してくれるだろうか。自分で飲んでみて心からおいしいと感激できないもの、「あの人にもぜひ食べさせてあげたい」と思えないようなものをお客様に売るなどというのは、商売人として実に恥ずかしいことだ。

ドトールコーヒーでは社是社訓の中で、「われわれは常に最高の品質を追求し、より多くのお客様に喜びと心の豊かさを提供することを使命とする」と謳っている。こうした考えはそうしたところから出てきている。ドトールコーヒーは単にコーヒーという商品を売っているのではない。コーヒーのおいしさという品質を売っているのであり、お客様に満足を提供して、それでお客様からお金をいただいているのだ。

世界最高のコーヒーへの飽くなき追求

世界最高品質のコーヒーの追求。それはコーヒー豆の選定から始まる。世界のコーヒーの産地は北回帰線と南回帰線に挟まれた南北二五度の「コーヒーベルト」に集中しているのだが、現在ドトールコーヒーではブラジルや自社農園のあるハワイをはじめ、世界約一〇カ国から豆を輸入している。

その中のひとつにガテマラという高品質の豆がある。これはお金を出せば買えるというものではない。というのは、ガテマラの農園主にはドイツ系の人が多く、品質の良いガテマラはヨーロッパに流れてしまうからだ。だから、高品質のガテマラを手に入れるためには、まず豆を買いつけてくれる商社の担当者にドトールコーヒーの熱意を伝え、その商社を通じて売り手を説得するところから始まる。

そして、商社からいくつかサンプルを送ってもらうことになるのだが、その段階で「もっと甘みのある豆にしてほしい」とか「コクの強い豆にしてほしい」とか、こちらの要望を伝える。ドトールコーヒーの基準に合う豆にたどりつくまでにはそれ相当の時間がかかるのである。

「他社はこの豆でOKしてくれているんですが……」

商社の担当者はよくそう言う。他社はそれでいいのかもしれない。だが、われわれはあくまでもドトールコーヒーの基準に合うものでなければならない。豆選びというのは根気と時間のかかる作業になるが、自分たちの思い描くコーヒーの味を追求するためにはほんのわずかの妥協すら許されない。

また、ハワイにあるドトールコーヒーの自社農園「マウカメドウズ・オーシャン」「マウカメドウズ・マウンテン」で生産されたコナコーヒー「マウカメドウズ」は世界最高級のものだと自負している。コーヒーの苗というのは植えて二、三年も経つと、白くて香りのよい花を咲かせ、やがて緑色の果実をつけ、熟して赤い実となる。その実をひと粒ひと粒手で摘み取り、外皮を取り除くとコーヒーの豆が現われる。

ひと粒ひと粒、手摘みで収穫された豆は精製工場へ送られ、その後、ハワイの陽光と風のもとで天日乾燥される。朝出して夜に取り込むという手間のかかる作業を約一週間続ける。それから、さらに一年もの間ねかせて熟成を待たなければならない。そうして初めてドトールコーヒーの基準に合う世界最高品質のコーヒー豆ができ上がるのだ。

そうしてでき上がったコーヒー豆は焙煎という段階に移るのだが、現在、ドトールコーヒーの焙煎システムは世界一だと自負している。また、世界最高品質を追い求めるということを唱えつづけることによって、世界一の焙煎機まで開発した。

コーヒーを焙煎する方法には「直火焙煎」と「熱風焙煎」のふたつの方法がある。直火方式というのは人手によるところが多く、焼き上がるのに時間がかかる。そのうえ、一時間当たり八〇〇キロ程度しか焼けない。ただ、その半面、豆の中にコーヒーのおいしさを閉じ込めることができる。一方、熱風方式だと人手もかからず、機械による大量生産が可能で一時間当たり三トン近く加工できる。だが、その半面、コーヒーのうまさを完全に引き出すことは難しい。

コーヒー業界では一般的に生産性重視から熱風による焙煎が採用されているケースが多いのだが、味にこだわる以上、われわれが直火焙煎を選んだのは当然のことだった。そこで、ドイツのメーカーに直火焙煎の大型機械をつくってくれるよう頼んだのだが、答えはNO、「そんな機械は無理だ」というのである。それならば、あとは自分たちでつくる以外に手はない。われわれは機械による直火焙煎を実現すべく研究を重ねた。そして、大手電気会社や都市ガス会社と議論を繰り返しながら、ついに直火焙煎の機械を独自に開発することができた。

ところが、世界最高品質のコーヒー豆を世界一の機械で焙煎したからといって、それで即世界一おいしいコーヒーができるかというと、そんなに簡単なものではない。世界一のコーヒーシステムは必要十分条件の必要条件に過ぎない。つまり、その機械を確実に使いこなすことができて初めておいしいコーヒーができるというものだ。

しかしながら、それはなかなか難しいことだ。まず第一に、同じタイプの機械だからといって必ずしも焙煎されたコーヒー豆がすべて同じ品質になるとはかぎらない。機械一台一台にそれぞれクセがあることを分かっていなければならない。さらには温度、湿度、豆の量や質が変わるたびに機械の操作を調整しなければならない。そうしなければ一定の品質を保てない。たとえば、外気温が二度違ったらコーヒーの味はまったく別物になってしまう。つまり、焙煎室のドアを一枚開けただけでコーヒーの味は変わってしまうのである。そうなると、品質を一定に保つために機械の操作も変えなければいけないし、ガスの量も変えなければいけない。刻々と変わる気温の変化を身体全体で感じていかなければならない。機械を導入したのだから、あとは機械に任せておけばいいというものではない。機械を信頼しながらも、人間が機械の使い方、調整の仕方に気を配っていかなければならないのである。

かつてこういう問題があった。ドトールコーヒーショップを設立するにあたり、ドイツ製の高価なコーヒー抽出機を導入したことはすでに述べたとおりだ。だが、その機械でいれたコーヒーの味に私はどうしても納得できなかった。ドイツのメーカーに機械の改善を求めても応じてもらえず、結局、われわれの手で機械を分解して原因究明にあたり、納得のいくコーヒーの味ができるように調節をほどこしたのである。機械を生かすも殺すも人間次第。そこまでやらなければ高いお金をはたいて機械を導入する意味はない。それでもまだ満足することができず、世界でも画期的なコーヒーマシンを大手電気メーカーと共同開発し、本社ビル一階のコーヒーショップから導入することになった。納得のいかないものはなんでもつくってしまうのが私の生き方だ。

理想をどこまで高く持ちつづけられるか

江戸時代初期に酒井田柿右衛門（一五九六〜一六六六）という有田焼の名陶工がいた。柿右衛門は染付白磁で名高く、釉《うわぐすり》をつけて焼いた上に色絵をつける上絵付法を研究して、「色絵花鳥文深鉢」という名作を遺した。

柿右衛門の時代には温度計などなかったので当然のことながら絶対的な温度は知る由もなかった。にもかかわらず、なぜ柿右衛門はあれほどすばらしい色の作品をいくつもつくりえたのか、驚くばかりだ。釉を塗って、焼いてみて、何度も叩き割る。悪戦苦闘、試行錯誤の末、ようやくあの色を出すことができたのだろうが、柿右衛門はその要因を一体どのようにして掴んだのか。炎の色なのか、それとも頬に伝わる炎の熱さで感じたのか。私はそのことをずっと疑問に感じていた。

幸運にも私はその答えを萩焼の人間国宝の方から聞くことができた。答えは炎の色なのだそうだ。焼き物をつくって乾燥させて炉に入れる。そのとき、どの炎で素焼きをするとひび割れしないか、炎の色に気を配りながら薪をくべていくのだそうだ。すると、一〇〇〇度を超えたときに炎が白くなるのだとおっしゃっていた。そうした経験を積み重ねていくことによって、あのような美しい色の作品ができ上がり、歩留りが良くなったそうである。

コーヒー豆の焙煎もそれに似たところがある。豆の弾く音によって焙煎の出来不出来が大きく分かれてくる。少ししか弾いていない状態では芯まで香ばしく煎ることはできずに、口の中に苦み、酸味、渋みが残ってしまう。芯まできちんと煎ることができて初めて芳香、まろみ、甘みが引き立つのだ。

それが分かるためには味に対する自分の理想、こだわりがなければならない。焙煎の技術者は一日に何十杯と飲んでいるわけだが、ただ漠然と飲んでいるようではいつまで経っても微妙な味の違いは分からない。うまさの物差しがない以上、頼りになるのは自分自身の舌に触れた感覚だけだ。全神経を舌先に集中させて、常に自分の理想とする味と比較することによって初めて分かることなのだ。理想があるかどうかということで求める味も異なってくるし、実際にできてくる味も異なってくる。毎日焙煎をしながら、どこまで高く強く願望を持ちつづけられるかということだ。

そんなことはあくまでも理想論に過ぎないということで途中で投げ出してしまうケースがある。だが、そこで挑戦をやめてしまえば、しょせん並みのものしかできない。しかしながら、理想をどんどん高めていって、それを実現したときに初めて人の感動を呼び起こすことができる。理想がなくなったときに人間の創作意欲は失せてしまう。それが原因で自殺してしまう芸術家さえいる。理想を失うということ、追い求める心を失うということはそれほどまでに恐ろしいことだ。

ドトールコーヒーの所有するハワイの農園に、下請けで焙煎をしてくれている人がいる。八二歳を過ぎたご婦人なのだが、今は亡きご主人と一緒にメキシコを回って、そこで焙煎機を買ってきたのだそうだ。それは今では骨董品のような焙煎機で、もうもうと煙が立つ中をマスクをかぶって作業をしている。このご婦人が焙煎したコーヒーの味は格別だ。それでも彼女は、

「何年やっても焙煎は難しいですね」

と言っている。いまだに追い求める心を失っていないというのは驚くべきことだ。大いに見倣わなければならない。ただ、残念なことに、このご婦人はもう歳だからということで引退すると言っている。長年にわたって培われてきた感性、技術がそこで途絶えてしまうのはなんとも惜しいかぎりだ。

「好きずき」は妥協の産物に過ぎない

ドトールコーヒーの味に対するこだわりはコーヒーに限ったことではない。われわれはお客様に提供しているすべての商品に徹底したこだわりを持っている。

ジャーマンドッグについても然りだ。ジャーマンドッグはドトールコーヒーショップのオープンに際して売り出した。一九七一（昭和四六）年のヨーロッパ視察旅行の際、ドイツの屋台で食べたフランクフルトに、私はなんとも言えないおいしさを感じた。当時の日本には少し生臭さの残る魚肉のソーセージとウィンナーソーセージが主流だった。だから、日本の多くの人たちに本物のフランクフルトのおいしさを味わってもらいたいと思った。

ドトールコーヒーショップ設立に向かって準備に入ったころ、フランスで食品展が開催されることを知った。願ってもないチャンス。そこに行けば、きっとおいしいソーセージを求めることができる。そう思って喜び勇んでフランスに向かった。ところが、いざ行ってみて、私は大いに落胆させられた。そこに出展しているフランス企業の目的は自分たちの得意先、卸元だけを招いて新商品を紹介するというところにあって、新たに顧客を開拓しようなどという考え方はなかったからだ。だから、日本のどこの馬の骨とも分からない私が行っても鼻にもかけないのだ。

仕方なくドイツを回ることにして、事前に商社の担当者に連絡をとって、ドイツのソーセージを集められるだけ集めておいてもらうことにした。さすがにどれもおいしいものばかりで、その中で格別においしかったものをすぐに輸入しようとした。ところが、運の悪いことに、当時、牛の病気がはやっていて輸出が厳しく制限されていたために、日本に輸入することはできなかったのである。

それで諦めるわけにはいかない。本場ドイツのおいしいソーセージを輸入できないのであれば、何がなんでも日本でその味をつくり出すだけだ。もはやそれ以外に残された道はなかった。

(絶対にできるはずだ。私の舌があの味を覚えている。あれほど感動したおいしさをそう簡単に忘れるはずがない)

私は日本でいちばん品質の良いソーセージをつくるメーカーを探して、それが栃木県にあるハムメーカーであることをつきとめた。そこで、すぐにパンを持って栃木まで車を走らせた。

ちなみに、もちろんそのパンも選りすぐりのものである。日本のあるパンメーカーと一緒にドイツに行って、まずソーセージを味わってもらって、それからドイツ、フランスで集めるだけパンを集めることにした。メーカーの担当者がとても熱心で、段ボールいっぱいにパンを詰め込んで日本に送って、直ちに研究を開始して、ドイツのソーセージに合うおいしいパンをつくることができた。

そのパンを持って栃木のインターまで行くと、そこにはハムメーカーの担当者が迎えに来てくれていた。私がパンを持参しているのを知って、

「パンを持ってこられたのはあなたが初めてです」

と出迎えられた専務さんは驚かれていた。

私が求めているのは最高品質のジャーマンドッグだ。だから、パンと一緒に食べることによってお互いの味が引き立つようなソーセージでなければならない。

豚肉と牛肉と香辛料の比率をいろいろ注文をつけて、何種類ものソーセージを食べ比べることにした。それから、いくつかに絞り込んで、さらに材料の比率、肉の大きさを細かく注文して理想のソーセージに近づけていく。今の荒挽きソーセージができるまでにいったい何度注文をつけ、どれだけのソーセージを食べたことか。

それほどまでにこだわったソーセージだから、それから二八年経ってもいまだにそれを超えるソーセージはないものと確信している。その間、数々の食品メーカーが、

「ジャーマンドッグに使ってもらえないだろうか」

と、毎年のように新しいソーセージをつくっては持ってくるのだが、いまだに超えるものは出てきていない。

ジャーマンドッグにつけるマスタードにもこだわった。日本で手に入れることのできるマスタードをすべて集めて検討したのだ。その数は五〇種類にも上った。まず最初に、私自身がそれらすべてのマスタードをひとつずつ嘗《な》めていって、おいしいものを残してまずいものを外していく。残ったものをもう一度嘗めて、さらにふるいにかけていく。そして、最終的に三つのマスタードが残った。今度はその三つのものを社員にも嘗めてもらって、どのマスタードがいちばんおいしいか投票してもらうことにした。すると、どの社員も私がいちばんおいしいと感じたものに投票したのだ。人間の舌というのはこれほどまでに正確なものなのである。そして、そのメーカーにさらに注文を出して、ドトールコーヒーオリジナルの粒入りマスタードをつくり上げることができた。

舌先に全神経を集中させることによって、微妙な味の違いを見抜くことができる。私自身、こんな体験もした。あるとき、ジャーマンドッグのソーセージがいつもの味とどうも微妙に違っていた。すぐに栃木のハムメーカーに問い合わせると、なんとスモーク室が故障していたと言う。味に徹底的にこだわることによって、機械のちょっとした故障をも見抜くことができるのだ。

この世の中に「好きずき」という言葉がある。だが、私はこの言葉が好きではない。

なぜなら、「好きずき」という言葉は妥協の産物に過ぎないからだ。最高においしいものはみんなこぞっておいしいと感じてくれる。ある一定水準の範囲内では、たしかに好きずきということで意見が分かれるかもしれない。この段階で止めれば、おいしいという人もいれば、あまり好きではないという人も出てくる。

ところが、さらに品質を高めていくと意見が分かれなくなってきて、大多数の人たちがおいしいと言うようになる。そして、さらに品質を高めていくことによって誰もが感動するようなおいしさを実現することができる。お客様に飲食品を提供している以上、そこまで味に対するこだわりがなければならない。

安らぎと活力に溢れた店舗づくり

ドトールコーヒーの発展成長は「一杯のおいしいコーヒーを通じて人びとに安らぎと活力を提供する」という喫茶業の使命をいかに高いレベルで実現できるかという点にかかっている。その場合、お客様に安らぎと活力を提供するのはコーヒーだけではない。たとえコーヒーがどんなにおいしくても、清掃の行き届いていない店、雰囲気が悪い店であれば、コーヒーの味さえ悪くなって、お客様に安らぎと活力を提供することはとうていできない。

店舗の魅力をいかに高めていくか、それは商品の魅力と同様に、ビジネスを成功させるうえで欠くことのできない重要な要素だ。私のデザインに対するこだわりは美術学校出の父の血を受け継いでいるからなのかもしれない。

とくに店舗デザインにおいて重要なのはカラーコントロールだと思う。何色を基調とした店舗デザインにするのか。それだけで店の雰囲気は大きく変わってくる。ご存じの方も多いと思うが、コロラドもドトールコーヒーショップも看板は黄色、店内の壁はクリーム色が基調になっている。

私が一九歳で喫茶店の店長を任された日、たまたま高島屋本店の前にある丸善という書店に行った。今から考えると、なぜ行ったのか分からないのだが、そこで何百、何千とある本の中から私が手にしたのは『色彩心理学』という本だった。ページをめくってみると実に興味深い内容が書かれていた。たとえば、アメリカでは犯罪の種類によって刑務所内の色が違うのだそうだ。その色彩によって犯罪者の精神構造、犯罪心理を変えていこうとするのだそうである。この『色彩心理学』という本を通じて、私は色彩に対して強い関心を抱くようになって、これをぜひ店舗づくりに生かそうと考えた。

その本の中に、クリーム色が色彩心理学上、母性愛に似た愛情を示す色だということが記されていた。人びとに安らぎと活力を提供するという意味では「まさにこの色だ！」と感じたのである。また、一方、当時の壁材にストローマットという麦藁で編んだ三〇センチ四方の壁材があったのだが、東京で暮らしている人といえども地方出身の方々が多かったから、その方々にとっては麦藁に対する郷愁があるだろうと考えて、それを壁材として使った。カウンターのバックには当時ではめずらしいデコラを貼り、そこに照明を当てて柔らかな雰囲気を醸しだし、まさしく『色彩心理学』の中で指摘されていたような母性愛を感じられるようにした。さらに、活力を示す色が赤茶色だということも知り、壁は赤茶色で塗装することにした。

また、スプーン、カップなどの什器・備品についても、安らぎと活力を与えるものはどういうものかという観点から選んでいる。たとえば、スプーンについては、これは男性好みになっていないか、若者好みになっていないか、といろいろ考えて、三回ほどつくり替えたりもした。コーヒーカップのデザインについても安らぎと活力という観点から選んだ。そのほか、店内の壁に飾る絵画、花、あるいは朝昼晩と時間によって微妙に明るさが調節できる照明。そうしたものすべてに神経を注いだ結果、店はものの見事に当たって、それ以来、黄色、クリーム色が私のラッキーカラーになったのである。

あとはそれぞれの店のコンセプトに合わせて、デザインに工夫を凝らしている。たとえば、ドトールコーヒーショップのデザインコンセプトは「さりげなく、小粋に」というものだ。ドトールコーヒーショップが誕生した当時、駅のホームでダスターコートの襟をポマードの油で光らせた会社員があんパンとコーヒー牛乳を、朝食や昼食代わりに食べている光景をよく見かけた。それはもうなんともわびしい光景だった。

私はそんなわびしさを払拭して、心の豊かさを提供したい、立って飲むことをファッションにしたいと思ったのだ。安くてまずくてかっこが悪い店、わびしさの漂う店には誰も寄ってこない。安くてうまくてかっこいい店、心豊かになれる店でなければならない。だからこそ、「さりげなく、小粋に」というコンセプトをもとに商品づくり、店舗デザイン、サービス方法を考えたのである。

一九九一（平成三）年にオープンした「エクセルシオール カフェ」は「パリの小粋なデザートカフェ」をコンセプトに生まれた。エクセルシオール カフェの店舗デザインに際しては、インテリアデザイナーとオブジェデザイナーにフランス人を起用して、店内を黄色やオレンジを基調としたフルーティな空間に仕立て上げた。また、店内だけでなく、エクセルシオール カフェがあるだけでその街並みが明るくなるように、外観のデザインにも趣向を凝らしている。

プロ意識の激突が精度の高い結果を生み出す

一九九八（平成一〇）年末に銀座にオープンした「ル カフェ ドトール」は構想から開店まで約一〇カ月を要した。その一〇カ月間は私にとってまさしく格闘の日々の連続だった。これまで私は時代に即した業態の開発に力を入れてきた。だが、今ここでもう一段階高いレベルの喫茶店を実現しなければならないという強い願望が、それまで以上に、寸分の妥協すら許さなかったのだ。

店舗デザインにあたって、まず数名のデザイナーでコンペをやっていただくことにした。だが、出てきたものはどれもとうてい満足のいくレベルのものではなかった。そこで新進気鋭のフランス人デザイナーを起用することにしたのだが、やはり満足のいく提案はなかった。何度もこちらがサジェスチョンをしても、結果は同じだった。最終的に、そのフランス人デザイナーのアイデアを一部分買って、あとは私自らデザインをすることになってしまった。

店名のアルファベットのロゴマークについても、決定するまでにそれまで以上の時間を要した。実績にはなんの申し分のないグラフィック・デザイナーを起用したのだが、最初に出てきた案はどれも私を失望させるものだった。私の要望を伝えても、向こうも自分の仕事にプライドを持っているから、そう簡単には私の意見を受け入れない。ついに激しい口論の末、私は「もういい」と声を荒らげてしまった。

それから数日経ったある日の休日、そのデザイナーが、

「あれからいくつか考えてみました。これから持っていこうと思いますが、ご都合はよろしいですか」

と電話をかけてきた。

私のもとを訪れたデザイナーが仕事の成果をテーブルに広げたとき、私は思わずうなった。なんと数百にも及ぶロゴマークをこの数日の間につくってきたからである。一つひとつ確認していったとき、「これだ」と思うものがあった。すべてに目を通したあとでデザイナーに意見を求めたところ、彼もやはり私が一番いいと思ったものを指さした。

相手がデザインのプロだからといって、何もすべてデザイナーの意見を受け入れる必要はない。こちらが店舗デザインに確固たるポリシー、こだわりを持っていれば、お互いのプロ意識が激突し合って、さらに精度の高い結果を導き出すことができる。

逆に言えば、こちらがこだわりを持っていなければ、常に相手の意見を鵜呑みにすることになり、中途半端な仕事でも妥協せざるをえなくなってしまうだろう。

常に課題を持っていれば何を見てもヒントになる

ある経営者がパネルディスカッションのときにこんな話をしてくれた。その方の友人で、自宅から会社までクルマ通勤をしている人の話なのだが、通勤途中に奥さんから「赤ちゃんができたかもしれないから、病院に行ってくる」と電話がかかってきたのだそうだ。すると、それまでは自宅から会社までの間に産婦人科医院があることはなんとなく分かっていたけれども、実に五軒もあったことに初めて気がついたという。

この話は大いに参考になる話だ。関心のあるものは見える。関心のないものは見ているようで実は何も見ていないのだ。毎日のように通っていて視界には入っていたのだろうが、関心がないから見えなかった。ところが、子どもができて関心を持ったことで、産婦人科医院が五軒もあることが分かった。関心を持つことによって目に見えなかったものがどんどんと飛び込んでくるというものだろう。

街に一歩足を踏み出せば、さまざまなものが目に飛び込んでくる。常に自分に課題を持って見れば、それが単なる物体ではなく、何かしらの情報を発信していることに気がつくはずだ。たとえば、ファミリーレストランでも店舗デザインにそれぞれの経営者の考え方が反映されている。照明ひとつとっても、埋め込み式のスポットライトや壁からの間接照明を使って落ち着いた雰囲気を演出しているところもあれば、吊り下げ式のオレンジ色の照明で店内を明るく演出しているところもある。そうした店舗デザインの違いは何を意味しているのか考えてみるのもいい勉強になる。

また、産業物産展などに行って雑貨や食器を見る機会があった場合、ただ単にお皿をお皿として見ているだけではなく、お皿のデザインを見て、「この図柄は店のガラスのカッティングシートに使えるかもしれない」とか、「このエスプレッソ用のかわいいカップならどこの店に陳列して売ったらいいだろうか」とか、常にそういう見方をするようにする。

このように、ビジネスにおけるヒントというのは街中いたるところにある。女性に人気のあるブランド、高校生が集まるショップ、そこには人を惹きつける何かがあるはずだ。自分の中に常に課題を持っていれば、何を見てもヒントになるし、商売につながる。見るもの、聞くもの、すべてが商売の発想につながるのだ。

まだ運転手がいないころ、私はどこへ行くにも車の中にカメラとテープレコーダーを置いていた。それで、「あっ、これは」と思うとすぐにクルマを止めて写真を撮ったり、いいアイデアを思いついたらテープレコーダーに吹き込んだりしたものだ。最近でこそあまり撮らなくなったが、以前であれば、海外に行けばすべてのものに興味を抱いたものだ。これまでに撮影した写真はアルバム何十冊分にもなっている。

そうしていると、あるとき思いがけないところで役に立つことがある。都内のあるドトールコーヒーショップを改装することになったとき、店舗デザイナーが出してくるデザインがどうも私の思い描いているものと違うから、「たとえばこんな感じで」と言って、以前に撮っておいた写真をデザイナーに見せる。それがヒントになって、非常にユニークな店づくりができたりするのである。

一九九六（平成八）年に「マウカメドウズ・コナコーヒーガーデン」という、「都会のコーヒーリゾート」をコンセプトにしたハワイアン喫茶をオープンさせた。その店内装飾にもドイツでのある出来事が大きなヒントになっている。

見本市を見るために出かけたのはいいが、途中で道に迷って、私は細い路地に入り込んでしまった。ふとそのとき道路脇に目をやると、プラスチック製のヤシの木があった。そのまま通り過ぎようとしたのだが、もう一度振り返ってみることにした。すると、ヤシの幹の中を水泡がブクブクと流れていることに気がついた。よく見ると、透明なプラスチック製のヤシの木の中に水が入っていて、それをエアで循環させて泡立つ気泡とともに水を流していたのだ。それを見ていると、なんとも言えない心地よい清涼感、心安らぐものを感じた。

「いま展開しているハワイアン喫茶、マウカメドウズにこれがあれば、お客様の心が和んでくれるのではないだろうか」

そう思って、帰国後さっそくその商品を輸入することにした。その結果、「都会のコーヒーリゾート」というコンセプトの表現をより高めていくと同時に、きわめて個性的な店舗づくりを実現することができた。

そのまま通り過ぎてしまうか、振り返って一歩戻れるかどうか、要はその違いなのだ。いつも何か良いヒントはないかという方向に自分の心が向いているから、ちょっとしたものにも気がつく。関心のないものは見ていても見えない、関心のあるものはすべてが見えてくるというものなのだ。無関心ほど恐ろしいものはない。その格差は結果として天地、雲泥の差を商売にもたらすことになる。

ビジネスチャンスをいかに掴むか

講演会や取材といった機会に、「どのようにしてビジネスチャンスを見つけるのか」という質問をたびたび受ける。ビジネスチャンスというものは、神の啓示のようにある日突然、選ばれし者にだけ降り注ぐものでもなければ、常人が臆するような秘境に挑む冒険者に対してその勇気の証として与えられるものでもない。日常生活の中で何千、何万という人たちが同じように見聞きしているものの中にいくらでもあるのだ。その中からビジネスチャンスを見いだすことができるか否か、それは常日頃の心の持ちようによって差がついてくる。

私がパリのカフェで立ち飲みを見てドトールコーヒーショップのヒントを掴んだときも、日本でもレギュラーコーヒーの挽き売りの時代がやってくるとドイツで確信したときも、同じ光景を何十人もの同業者が見ているのである。それをビジネスとして成功させるか、それとも甘んじて後塵を拝することになるのか、その差は関心、こだわり、執着心の差にあると言っても過言ではないだろう。関心、こだわり、願望、執着心には物事を引き寄せる力があると思う。

たとえば井戸を掘ったとしよう。一生懸命に掘ってみたところで水はいっこうに出てこない。そこで諦めてしまったら、永久に水は出てこない。そこを「あと一メートル、いや、もうあと一メートル」と諦めずに掘り進めていこうとするかどうかである。

そうした気概、執着心の有る無しがビジネスを成功させるか否かの大きな分かれ目になってくる。

常にこだわり、課題を持ちつづけて、とことん考え抜く。そうすることによって初めて独自のアイデア、戦略が生まれてくるのだ。そして、それらを実現するための企画力、デザイン力、それに対する実践力など、さまざまな要素が結びついて、微に入り細を穿って精度の高い仕事をしていくことができるのである。そうした個人の集合体、組織の集合体がどんな不況にも負けない強い体質の企業、常に発展成長していくことのできる企業を生み出すことになるだろう。

経営の神様、故・松下幸之助氏は生前、「商売は成功するようにできている。成功しないのは成功するようにしていないだけだ」と語っている。経営の真髄を指摘した、なんともすごい言葉ではないか。何をするにしても物事には必ず成功の原理・原則というものがある。成功の原理・原則を知らないで努力をしても、その努力が報われることはないし、商売を成功に導くことはできない。反対に、成功するための原理・原則を知っている人が、そのうえで努力をするのであれば、その努力は必ず報われるし、商売は成功するだろう。

第八章　想うことが思うようになる努力

選別の時代に生き残るために

二一世紀の扉が開き、一〇年近くになろうとしている。大転換期にあって世界経済は生き残りを賭けた覇権争いを繰り広げ、日本企業もその試練に立たされている。考えてみれば、近代に入って日本は明治維新、第二次世界大戦の敗戦という大きな転換期を経てきた。そして、時代がドラスティックに変化を遂げるとき、新しい世の中に適応できる者と適応できない者とが出てくる。言い方を換えれば、時代の転換期には勝者と敗者とが振り分けられるということだが、今まさにその選別の時代の真っ只中にあるとも言えるだろう。

これまで述べてきたように、日本経済が現在直面している不況は過去のものとは明らかに性格が異なる。過去においては不況さえ脱出すれば日本の企業が全体的に体力を回復できたが、今回はどうもそう簡単にはいかないようだ。勝ち組と負け組とが今以上にはっきりと選別されることになるだろう。しかも、こうした熾烈な競争社会の到来は、深刻な失業率、有効求人倍率を見ても分かるように、ビジネスマン個人についても言えることなのだ。

どんなに厳しい時代でも常に勝者でありつづけたい。そして、いくつになろうとも成長を遂げていきたい。誰しもそうした願いを抱いているものだが、そのためにはどうしたらいいのかとなると、思いあぐねている人が多いことだろう。私自身、二四歳でドトールコーヒーを設立して以来、人には負けたくない、もっと自分を高めていきたいと、もがき苦しむような思いで日々格闘を続けてきた。そうした経営体験を通して学んだことのいくつかは読者の方々にとって少しは参考になることがあるかもしれない。

商売に成功の原理・原則があるように、人間が成長し、成功するにも原理・原則があるように思う。十人十色と言われているように、人それぞれ個性も異なれば、携わっている仕事も異なっている。だが、勝者になるための条件、成長していくための要因としていくつかの共通項を挙げることはできる。

そこで最後に、今まさに企業を支えているリーダーたちに、そして、次代を担う若者たちに、私自身の体験に照らし合わせて、多少なりとも参考になることを述べて、筆を置きたいと思う。

いま一度さらなる意識改革を

企業の中で勝者として生き残っていくためには、これまで以上の、高いレベルでの意識改革が求められてくるだろう。私は以前、社員のさらなる意識改革を促すために、「社員ひとり残らず、サラリーマンからビジネスマンへ転身してもらいたい」と全社員に対して言ったことがある。というのも、私の思い描くサラリーマン像とビジネスマン像とに、はっきりとした違いがあるからだ。

私にとって俗に言うサラリーマンとは、どこか薄っぺらで無責任なイメージがついてまわり、何か惰性で生きているような感じがしてならない。常に受け身の姿勢で、上から言われたこと、与えられた仕事だけしかせず、自ら率先して目標や改善テーマを設定したり、仕事を探してやろうとしたりしない。向上心、探究心などなく、「あと一歩、いや、もうあと一歩」と仕事の精度を高めていこうとする努力を怠り、体裁を整えるだけで仕事の質を追求しない。朝九時から夕方五時まで漠然と机に向かっているだけで、生まれてきたついでに生きているような感じで仕事や人生を送っているという、非常に安易な生き方をしているイメージがある。

会社員がよく使う愚痴のひとつに、「俺はしょせんサラリーマンだから」という言葉がある。「サラリーマンだから言われたことをやっていればいい」とか「サラリーマンなんだから何も無理してそこまでやることはない」とか、自嘲的にそんな言葉を使っているのだろうが、サラリーマンという名称を自嘲表現のひとつとして使うことは絶対に避けなければならないし、現実の行動としてもそうした受け身の姿勢は絶対に避けなければならない。企業でも今後は、なんでも「はいはい」と言って、与えられたこと、言われたことしかできない〝イエスマン〟はもはや必要とされないだろう。

一方、ビジネスマンというと、まず、仕事に対する責任感が強いということが挙げられる。また、会社の利害得失をきちんと捉えていて、適度な危機意識を持って、現状・将来を見据えている。常に自分が成長しつづけることを眼目において、いま何をしなければいけないのかを認識している。さらには、顧客第一主義の意味、その重要さを十分に理解し、お客様を大事にできる。それが私のイメージするビジネスマンなのである。

企業において必要とされるのは、もう一段高い意識へレベルアップを図ることのできる人材であり、常に高い目的意識を持って成長しつづけ、仕事に対して厳しい姿勢で臨むことのできる人材だ。経営者のみならず全社員がビジネスマン的意識に立つことが会社全体のレベルを引き上げることになり、売上げを伸ばし、利益を上げることになる。それは結果として個人の収入をも引き上げることになる。

企業の中にはさまざまな仕事がある。いわゆるルーティンの仕事も多い。そうした仕事をしている人の中には、「毎日毎日同じ仕事をしているのだから」という慣れから、仕事に対する情熱や目的意識を失ってしまっている人もしばしば見かける。だが、ルーティンの仕事でも、高い理想を掲げて、着実に成果を上げていく社員というのは企業にとって欠かせない人材であり、また、たまたま降格人事やいわゆる左遷を受けても腐らずに新たな仕事にやり甲斐をもって黙々と取り組んでいくことのできる社員も重要な人材なのだ。

組織で評価される人物像とは

私が参加している企業経営者の研究会に「21世紀研究会」というものがある。二カ月に一回会合が開かれて、約二〇名ほどの経営者が集まって懇談をするのだが、あるとき、そこでひとりの経営者から興味深い話を聞いた。

その企業ではある経営コンサルティング会社の指導を受けて、役員の自画像、つまり、自分の像を知るという試みを行ったのだそうだ。社長を含めた役員全員がまず自己採点を行う。それから上司による採点、同僚による採点、部下による採点を行って、その人の像を浮かび上がらせる。改めて考えてみると、分かっているようで分かっていないのが自分自身のことではないかと思う。だから、多面的評価を通じて自分自身の像を把握して、そのうえで長所を伸ばし、短所を改めるというのだ。

その中で私が「やはりどこの企業でも同じなのだな」と興味深く感じたのは、どういう人物像がいちばん高い評価を受けたかということだ。優しい人、俗に言う良い人、それも人間の性格としてはもちろん大切なことではあるし、それなりに高い評価を受けることもできるだろう。ただ、企業経営、組織運営という立場から考えると、ちょっと違う。いちばん評価が高かったのはやはり、「仕事に厳しい人」だということだ。

考えてみれば当然の答えではあるが、企業、組織を運営していくうえではこれはとても重要なことなのだ。良い人ばかりの集団ではたしかに楽しく仕事をすることはできるかもしれない。だが、企業というのは学生の同好会や仲良しクラブの延長であってはならない。そうした集団にはどうしても甘えが生じてしまう。何かで失敗しても、お互いに傷を嘗《な》め合ったり、寄り添い合ったりしているようでは仕事はうまく進まないし、組織の発展も望めない。そのうち業績は落ち込み、会社の利益も個人の収入も低水準のままになってしまう。

たとえばA社とB社という同創業同業種の会社があって、A社の利益が一〇〇、B社の利益が五〇だったとする。これはA社とB社の総合力が一〇〇対五〇だということを示している。経営判断、営業、商品開発、デザイン力、宣伝力など、すべての分野において仕事の精度が一〇〇対五〇の差になって表われているということであり、仕事に対する厳しさ、こだわり、執着心にそれだけの差があるということだ。

一人ひとりが厳しさをもって仕事にあたれば、組織における仕事の精度も上がるし、それにつれて会社全体の利益も上がっていく。会社経営という見地から考えても、また、個人の生活という見地から考えても、誰しもが仕事に厳しい人物を選んでいるし、和気あいあい働く中に、お互いに厳しく働き合ったり、良い意味で競争をしたりするような組織を求めている。それが正しい評価、正しい認識というものだと思う。

組織の発展は「長の一念」にかかっている

一九六二（昭和三七）年に社員二名でスタートしたドトールコーヒーは二〇〇八（平成二〇）年で設立四六周年を迎え、社員約一〇四〇名、パートナー約六八〇〇名となった。だが、今後さらなる発展を遂げ、厳しい競争社会を勝ち抜いていくためには人材、組織の一層の発展がなければならない。その際にとくに問われてくるのが私自身の成長と幹部の成長だろう。

バブルの崩壊以降、多くの企業がリストラを断行し、そのターゲットとして中高年が狙われている。ただ、本来、経営者というのは組織を発展させ、会社に利益をもたらすリーダーの出現を心から願っているものだ。幹部クラスが成長することによって組織は活性化され、売上げ、利益は確実に上がっていく。ひとりの幹部の成長は企業の業績に如実に反映される。私自身、幹部の成長が企業の力を押し上げていく実態を何度も経験してきている。逆に言えば、業績が停滞している組織、仕事のレベルが低い組織というものの原因を突き詰めていくと、やはりリーダー自身のレベルの低さにあることが多い。

では、自ら成長を遂げ、強い組織をつくり出す幹部はどこが違うのか。まず第一に、腹の底から湧き出てくる一念、「自分はこうやるぞ」と願うその強さだろう。言い換えれば、「長の一念」が企業、組織をより強い集団へと変えていくことになるということだ。こういう企業環境だからこそ、まさに「長の一念」が強く求められているのだ。

第二に、指示命令を確実に実行させているということだ。社員の自主性、主体性はもちろん尊重しなければならないが、社員の自主性、主体性を尊重しようとするあまりに、指示命令が速やかに実行に移されないようであれば組織は組織としての機能を果たさない。そうした組織では迅速な行動がとれず、ただ企業の成長の足かせになるだけだ。

第三に、部下を成長させることができるかどうかということだ。部下が成長すれば組織も確実に発展する。そのためにはリーダーが常に率先垂範して部下に手本を示していくことが必要だろう。中国の古典『三国志』の中に、「口舌を以て民を叱るな。むしろ良風をおこして、その風に倣わせよ。風をおこす者、吏と師にあり。吏と師にして克己の範を垂れ、そのもとに懶惰《らいだ》の民が悪法を見ることなけん」という一節がある。組織運営、人を使う要諦はまさにこの点に尽きるのではないか。社長を筆頭に、人の上に立つ者すべてが「率先垂範手本を示す」ということが組織を発展させ、部下を成長させるための最短の道だと言ってもいいだろう。

部下の成長ということで、最近になって私が肝に銘じていることは「自分で考えない」「自分でやらない」ということだ。昔はそれこそすべて自分でやってきたが、それをやりつづけていると、組織も部下も育たない。だから、部下に考えさせて、やらせることにしている。下の人間は自分で考えないで安易に指示を仰ぎにきてしまうところがある。そこでアドバイスをしてしまうと自分で考える力、判断する力をどんどん失わせてしまうことになる。それではいつまで経っても部下は育たない。だから、相手に考えさせて、やらせることにしている。

ただ、相手がどうしても考えられない場合がある。部下が「どうしても考えられませんでした」と言ってきたときに、上に立つ人間が「私にも分からない」「今度考えておく」ということでは許されない。だから、最終的に相手が考えられなかったときのために自分自身も考えておく必要はある。

部下の成長を促すためには部下の渇望する仕事を与えることも大切だ。内からこみ上げてくる願い、渇望、部下のそうしたエネルギーをいかにくみ上げていくか、それが人の上に立つ者に求められてくる。私はかつて、「馬方がいくら馬に水を飲ませようと思っても、馬が水を欲しがらなければどうにもならない」と父親に教えられたことがあった。いかに部下の渇望、願いをつくり出していくか。そして、可能な限り本人の望む仕事をさせることがその人間を成長させることにつながると思う。

人の上に立つ者は「主・師・親」の三徳を備えなければならないと言われている。つまり、主人、師匠、親としての考え方をもって部下に接するということだ。ただ単に、社長と社員、管理者と部下という人間関係、上下関係だけではどうしても限界が来るように思う。親のように絶えず部下の幸せ、成長を願う心をもって部下に接する。上司たる者、厳しさの半面、そうした温かい心の持ち主であってほしい。

幹部クラスが成長すると、その企業は確実に成長していく。企業、組織が拡大していくことによって、社長がやるべきことは専務がやり、専務がやるべきことはその下の人間がやっていくという具合に、権限委譲が速やかに進んでいく。そこで、それぞれがさらにレベルの高い仕事をすることによって、その人間も組織もいっそうの発展を遂げていくことになる。

また、企業が成長して、新しい部門、新しい仕事が生まれてくることによって、多くの社員に適材適所で働いてもらえるようになる。この世の中、あらゆる分野で才能に恵まれた、いわゆるオールマイティの人間はそういるものではない。そんなないものねだりをするよりも、まずは社内で「これにかけてはわが社ではピカイチ」という社員をいかに多く発掘して、それぞれの分野で最大限に能力を発揮して仕事をしてもらうことだ。それが組織の力を最大限に高めていくことにつながるだろう。

世代間の価値観の相違はむしろ歓迎すべき

上司と部下の関係で、世代間の価値観の相違という問題について触れておきたいと思う。人の上に立つ者の多くの悩みの種がこの手の問題だろうが、まず先に私の結論を述べると、世代間の価値観の相違はあって当然だし、そうした観点に立って部下を指導していくべきだということだ。それぞれの世代で育ってきた時代の豊かさ、社会的背景、あるいはその中で得た知識や経験が違うのだから、ものの考え方が世代間で違っていて当然なのだ。五〇代、六〇代の価値観と、二〇代、三〇代の価値観とが同じであるはずがない。

だが、世の多くの管理職はえてして自分の生きてきた体験をベースにして、部下にも自分と同じ価値観を求めようとしがちだ。それに若い人たちが応えてくれないと、「どうも部下の考えていることが分からない」「私の言っていることが理解できていない」と不満をもらし、最後の最後には「今の若者は」という言葉を口にして、問題から目をそらして若者を葬り去ろうとしてしまう。ドトールコーヒーではこの「今の若者は」という言葉を禁句にしている。「今の若者は」という言葉は説得力と指導力に欠けた上司が自分を正当化するための逃げ口上とも思えるのだ。

大切なのは若者たちの言動がどこから生まれてくるかを知るということだ。たとえば単なる甘えや自己逃避から来るものなのか、それとも時代の相違から出てくるものなのか、そこをきちんと見分けなければならない。もし、甘えや自己逃避から来るものであれば、部下のそうした姿勢を正して、仕事ができるように指導していかなければならない。甘えや自己逃避に逃げ込ませていては、いつまで経ってもその部下は成長することができないだろう。もし、時代の相違から出てきたものであれば、先に述べたように、価値観の相違があって当然という観点に立って、どのような環境から今の若者の考え方が生まれてくるのか、じっくりと考えてみることだ。

そもそも世代間の価値観の相違は対立的な図式でとらえるべきものではないと私は考える。価値観が違っていても、その価値観が多くの人たちの共感を得るものであればそれはそれでいいし、ものの良さというのはまったく感覚が違っていても分かるものだと思う。最近の音楽にしても、われわれの世代からみれば理解できないものが多いが、リズムのよいものは世代を超えて耳に心地よく感じるものだ。また、ファッションにしても、最近はポケットを反対にくっつけた洋服や裾出しのシャツなど、われわれの世代からみると理解に苦しむものも多いが、若い人たちはそれを個性と呼ぶ。それなりの思想、哲学に基づいてやっているのであればそれはそれでよしと思うようにしている。

だから、若い世代の価値観をわれわれの世代が否定するようなことはすべきでないし、われわれの価値観を若者に強要するようなこともすべきではない。同じ発想からは新しいものは何も生まれない。世の中がより発展していくためには新しい価値観が生まれてくる必要がある。だから、価値観の相違はむしろ歓迎するくらいの気持ちを持っていたほうがいいのだ。

坂本竜馬というと誰もが挙げる日本を代表する偉人のひとりだろう。江戸幕藩体制から明治近代国家への過渡期に欠くことのできなかった存在として竜馬は位置づけられている。だが、竜馬の先見性、革新性というのは明治以降の、とくに現代人の歴史的評価であって、当時の多くの人たち、とりわけ武家社会の長きにわたる権威・慣習にこだわった幕府や諸藩の上層部の目に映っていたのは跳ね返り者としての竜馬であり、やはり、「今の若い者は」と眉をひそめられていたのだ。そして、古い武家社会の価値観を捨てきれないまま時代の波に飲み込まれていった。一方、竜馬の新しい価値観、先見性は権威や古い時代の慣習に縛られない若い下級武士に支持され、竜馬亡き後、新しい時代に向かう大きなエネルギーとなっていったのだ。

若い世代の意見やアイデアに真理性、先見性があるのであれば、それに耳を傾けなければならない。昔の価値観を押し通そうと依怙地になるのはとても危険なことだ。たとえば店舗づくりを例にとると、われわれの世代より上の価値観では、良い店イコール高級感のある店という意識がある。だが、今の若い人たちにとって良い店とは必ずしも高級である必要はない。にもかかわらず、自分の価値観に固執しすぎて店づくりをしてしまうと、時代にそぐわない店をつくってしまう恐れがある。そんなちょっとしたひと言に大きな商売のヒントがあるのだから、それを受け止められる上司であるかどうかということだ。

自分の価値観を大切にするのはもちろん必要なことだが、それにとらわれないことも大切だろう。過去の経験の中で自分がうまくやってくると、自分の考えはいつまでも通用すると考えてしまう。とくに、成功体験の多い人ほど、自分の価値観を押し通そうと考えがちになる。だが、そこに大きな落とし穴があることをゆめゆめ忘れてはなるまい。

こうした性格の持ち主が成功を収める

今、日本が直面している難局は〝産みの苦しみ〟と言ってもいいかもしれない。その先に待っているのはより豊かで暮らしやすい日本。私はそう信じたい。そして、若い世代がどんどん成長していけば、日本の社会がますます変化し、豊かになっていくだろう。若者の秘めた可能性に私は大いに期待しているのだが、成長の可能性を秘めている人材というのは実はその人自身の性格によるところが大きいように思う。運命は性格の中にあるとも言える。

これまでドトールコーヒーでは採用試験に際して、いわゆる学力試験、筆記試験を行わずに、面接試験を中心に「伸びる人材」の採用を行ってきた。というのは、学力試験によってその人物を評価できるものではないし、才能というものはある程度時間が経過しないと分からないものだからだ。やはり、一般試験で学力を試すことよりも、その人自身の性格を見ることのほうが重要ではないかと考えている。

では、どういう性格を重視したらいいのか。市販されている性格テストなどでは何十項目にも分類して性格を判断するものがある。だが、そこまで細分化されるとそれこそ玉石混淆で何を見たらいいか分からなくなってしまう。要は、自分たちの会社にとって必要と思われる性格だけがきちっと定量で出てくればいいのだが、私自身のこれまでの経験から言うと、とくに次の七項目が重要ではないかと思う。

・負けず嫌いな人
・正義感のある人
・人に喜んでもらうことが好きな人
・厳しさと思いやりを兼ね備えた人
・テーブルの上のことだけでなく、仕事のやり方、組織のあり方に至るまで整理整頓が上手な人
・利害得失だけで物事を判断せず、何が正しいか判断できる人
・根気強い人

これら七つの性格はどれも人間を成長させる重要な資質であり、そうした性格の持ち主は会社をますます成長、発展させていくことになるだろう。だから、こうした人材をいかに集め、育てていくかということが企業の将来を左右する大きなポイントになってくる。

まず最初に、「負けず嫌い」という点について述べると、負けず嫌いな人は自分に

負けまい、他人にも負けまいとするところから、常に止まることなく自分を成長させていこうと考える。ただ、気をつけなければならないのは「負けず嫌い」と「勝ち気」とは違うということだ。「勝ち気」な性格というのはどうしても他人を押し退けて何がなんでも前へ行くという傾向がある。やはり、協調を乱すような性格の持ち主は組織を運営していく立場からすると歓迎されないだろう。

第二に、「正義感のある人」だが、「このことは許されない」という正義感に裏打ちされているということは、言うなれば倫理観や責任感も当然伴ってくるので、やはり私としては正義感の強い人物ほど成功のチャンスはあると思っている。

第三に、「人に喜んでもらうことが好き」という心の持ち主だ。人に喜ばれることが自分自身にとっての喜びになるわけだから、「どうしたらお客様に喜んでもらえるだろうか」「今度はもっと喜ばれよう」と惜しみなく努力することになる。やはり、そうした心の持ち主は仕事をうまく進めていくことができるだろう。

第四に、「厳しさを持った人」である。これは自分自身に対する厳しさはもちろん、仕事に対する厳しさ、他人に対する厳しさも含まれる。ただ、厳しいだけであっても困る。やはり、厳しさの中に「思いやり」がなければならない。

第五に、「清潔好き、整理整頓が上手な人」も常に成長を続けるうえで重要な性格のひとつだ。整理というのは必要なものと不必要なものとを区別することであり、整頓というのは物事を使いやすいようにしておくということである。これは身の回りの整理整頓ということだけに限らず、仕事全般に言えることだ。たとえば、経営会議の際に何枚もの書類を用意してくる人がいる。そういう人にかぎって、要領を得ない話になったり、説得力に欠ける内容になったりするものだ。だが、整理整頓が上手な人は一枚の書類で言うべきことを表わすことができる。そのほうがはるかに問題点が見えてくるし、説得力がある。要は、仕事の能率や成果を高めることに頭を使うべきであって、その他のことで無駄な頭を使わないようにしたほうがいいということだ。

第六に、「利害得失だけで物事を判断せず、何が正しいか判断できる人」である。先にも述べたように、利害得失にとらわれやすい人、打算で物事を考えてしまう人は商売をやってもうまくいかない。我利我利亡者を選んでしまったら、会社のみならず、お得意先、お客様にも不幸をつくってしまうことになる。それだけは避けなければならない。

最後に、「根気強い人」である。物事は何をするにしてもそう簡単に成果を出せるものではない。自分の理想、目標を定めたら、それに向かって根気強く努力を積み重ねていく。そうした性格の持ち主は端から見ていても実に頼もしいかぎりだ。

ここに挙げた七つの性格は人間が成長を続けていくためにはきわめて重要な資質だし、こうした性格の持ち主は自然と社会的評価を受けることになる。この世の中、社会的評価、地位というものは本人が欲しがらなくても向こうからやってくるもので、地位を得ることや出世することを働くうえでの第一目的にすべきではない。自分がこつこつと努力をしてそれだけの基盤、地盤、力がついてくると、結果的に向こうから自然とやってくるものだと思う。

若いうちは学び取る姿勢が大切

同じような学歴、性格を有する同期入社の社員たちの間に、入社後数年すると大きな差が生じてくることがある。それはやはり、どれだけ自己を高めていきたいかという各人の願望の強さの差によるものだろう。人間というのは本来、その人が成長を願うのであれば、いつまでも成長しつづけることができるものだと思う。

そのためには勉強をしなければいけないわけだが、人間は何歳になってもさまざまなものから学び取ることができるし、勉強するということは案外に簡単なことではないかと思う。要は他の人から学び取ることだ。つまり、見倣う、真似るというところから出発することが何よりも手っとり早い方法だと考える。自分より優れた人物を探して、その人から徹底して学び取る。学び取って学び取って、もう学び取るものがないようにしてしまうのだ。

音楽、陶芸、美術、スポーツなど、どんな世界においても、名人、名プレーヤーと言われている人たちは、最初は先人たちを見倣うところから出発して、それを乗り越えようと精進を積んでいるのだ。天才画家・ピカソはまだ若かったころ、友人の構図などを参考にして画家としての素養を磨いていったと言われている。悪く言えば盗んだということで、「ピカソが来ると自分の作品を盗まれるからかなわない」と言って、ピカソが来ると周りの画家が作品を隠してしまったという逸話があるほどだ。あのピカソでさえ、まず最初は真似る、見倣うというところから出発したのだ。

だから、われわれだって、優れた人物、優れたものがあったら、恥じることなく大いに見倣って勉強すべきではないだろうか。私も創業期においては松下幸之助氏、土光敏夫氏、その他大勢の方々がいるが、その人の本を徹底して読み切り、日本を代表する経営者の方々がどういうときに何を考え、どう行動したかまで、それこそ暗記するくらい読んだ。

たとえば、デザインを志している人であれば、自分の目指すべき人にターゲットを定め、徹底してその人に見倣い、研究し、模倣する。その過程で個人の能力は相当高まるだろう。そして、その高まった能力によって個人のオリジナリティというものが生み出されることになると思う。その人の育った環境の中で、さまざまな人やモノから刺激を受けて、その人なりの個性が形づくられていくというものだろう。だから、優れた人物や作品を見いだして、その人物や作品から徹底的に学び取って、その上を行くように努力しつづけること。それが成長し、成功を収めるための早道だと思う。

「因果《いんが》倶時《ぐじ》」――現在の一分一秒が将来につながる

私が座右の銘にしている言葉に、「因果倶時」というものがある。「原因と結果というものは必ず一致するものだ」と釈迦が説いた言葉だ。現在の「果」を知らんと欲すれば、つまり、現在の自分がどういう位置にあるかを知りたいと思うなら、過去の原因を見てごらんなさいということだ。原因を積み重ねてきた結果として今日がある。原因と結果は一致している。そして、未来の「果」を知らんと欲すれば、つまり、将来自分はどうなるだろうかと知りたいのであれば、今日一日積んでいる原因を見れば分かる。自分自身が毎日、未来の結果に対する原因を積んでいるということだ。

人生の真理をこれほど厳しく、鋭く突いている言葉はないと思う。この言葉の意味を初めて知ったとき、一日、一時間どころか、一分、一秒すらおろそかにはできないと、息の詰まるような思いがしたものだ。私はこの言葉を忘れてはならないと、紙に「因果倶時」と書いて、会社のデスクの横に貼って、出社するたびにこれを見て、「今日一日のことが将来につながるのだ」と自分自身に言い聞かせていた。そして、これまでのことを振り返ってみても、「ああ、やはりそういうものだ」とつくづく感じている。

「念ずれば花開く」「一念岩をも通す」という言葉があるように、どれだけ強く念ずるか、どれだけ強い目標を持つか、それによって人間がどこまで成長できるかが決まってくるように思う。自分の胸の内から湧き出る「自分はこうなるんだ」「絶対にこれを実現するんだ」という願い、また、その願いを強く念じつづけて自分なりに努力していくことこそが物事を実現させていく大きな力になるのだと思う。

自分が成長したいという願いを持っていない人は成長しないし、現状の生活に甘んじている人はそれ以上の生活を望むことはできない。まずは、「自分はこうなるんだ」「絶対にこれを実現するんだ」という明確な目標を持つことが大切だと思う。そして、目標を持ったなら、あとはその目標を心に強く念じつづけて、それに向かって突き進んでいくだけだ。それによってたとえ一ミリずつでもその目標に近づいていくことができるだろう。

私はこれを〝想うことが思うようになる努力〟だと考えている。

あとがき

ドトールコーヒーを設立して三七年、その間を顧みてしみじみ感じることがある。ひとつは「至誠通天」ということだ。

人間の心の、本当に誠から生まれたものは必ず天に通じるという意味だ。実はこの言葉、私が子どものころに、きちっとした額に収まり家の欄間にかけられていた言葉で、父が肖像画を描いたお礼に公爵の一条家から贈られたものだった。

この言葉を日々眺めていたので、自ずとそれが自分の生き方になっていったのだろう。

もうひとつが「想うことが思うようになる努力」ということだ。自分の想うこと、ロマン、夢、目標を実現したいのであれば、そのための努力を惜しんではならない。一〇年、あるいは一五年かかるかもしれない。

しかも、自分の想うことを実現するまではまさに日々格闘の連続だ。だが、「何がなんでもやり遂げる」という確固たる信念、何ものにも負けない強い意志があれば、いつの日か必ず願いは成就するだろう。経営の天才・松下幸之助氏は「成功するコツは成功するまでやめないことだ」と言っている。

二一世紀を目前にして、企業もビジネスマンも依然厳しい状況におかれている。だが、自己の成長を願う気持ち、夢を達成しようという意欲、そして、何がなんでもそれを実現しようという意志を持ちつづけるかぎり、いつの日か道は拓けていく。そして、そこから新しいビジネス、新しい価値が日本に生まれてくるだろう。

私は人から色紙を頼まれると、そのたびに「至誠通天」と「想うことが思うようになる努力」という言葉を書くことにしているが、この本を読んでいただいた方々にも同じ言葉を申し上げたいと思う。

私自身、まだまだ想うところは山ほどある。一九九七（平成九）年一〇月に私は還暦を迎えて、早二年が過ぎた。六〇歳を過ぎると徐々に気力もやはり萎えてしまうかと危惧していたが、それは杞憂に過ぎなかった。暦が還るという言葉のとおり、また新しい命を吹き込まれたかのようだ。

これからも新たな夢を抱き、ドトールコーヒーのために、社員のために、得意先チェーンのために、そして、日本の社会のために働きつづけていこうと願っている。

最後に、この本を出版するにあたって、お客様、チェーンの方々、社員をはじめ、数多くの人たちから寄せられたご支援、励ましに心からお礼申し上げたい。また、友人の福井ミカさん、出版ディレクターの久本勢津子さんのご尽力に心から感謝の意を表したい。

（一九九九年一一月）

文庫版あとがき

現在の私は新たな夢を描き、その実現のために取り組んでいる。

「国民等しく、幸せに住める社会」

「世界から尊敬される国、日本」

政治も経済も漂流したような日本を立て直すため、この二年半、さまざまな分野の人を囲んで話を聞いてきた。与野党を問わず、多くの著名政治家とも意見交換をした。その中には総理大臣経験者もいる。場所は当社の銀座オフィスだ。

少し前から、業種を超えた一部上場企業の創業経営者が集まり、定期的な会合も行っている。これはという人がいれば、活動を全面的に支援しようと考えてのことだ。

二〇〇六（平成一八）年に、株式会社ドトールコーヒーの取締役を退き、名誉会長に就任した。日々の経営から離れて、俯瞰して物事を見る時間も少しは持てるようになった。

ここでは、政治家との突っ込んだ話も行う。かつては雲の上の存在だった人とも、ヒザを交えて話すようになった。

「教育も福祉も大切だが、まずは日本のGDP（国内総生産）を押し上げるものにお金を使わなければならない。そのためには地球温暖化を止め、地球を救うためにも太陽光発電や燃料電池、ハイブリッドなど、これからものすごい勢いで発展するであろう産業を政治が後押ししなければならない。いうなれば政治家は国家経営者に変身しなければならない」

「少子高齢化を憂える言葉ばかりが氾濫しているが、少子高齢化は逆にチャンスだ。地球の人口は六七億人もいて飽和状態だ。日本という狭い国土にも一億二〇〇〇万人が住んでいる。こうした現状を踏まえると、人口を増やすことが、必ずしも正しいとは言えない。そうした中で、いまこそ日本をロボット立国にして、全産業の三割近くをロボットに委ねる。その代わりロボット税を徴収するべきだ」

こんなさまざまな考えを訴えている。

オフィスビルの地下には「ロイヤルクリスタル・カフェ」というカフェがある。店のコーヒーの価格は一杯一二〇〇円。当社が全国で展開する「ドトールコーヒーショップ」のコーヒーは一杯二〇〇円なので、その六倍もする。

その代わり、コーヒーは最高品質の豆を調達して焙煎。一杯一杯をていねいに入れて提供している。什器や内装も、私自身が世界中を回って最高級の調度品を集め、ゆったりと落ち着ける空間にしている。大衆的な店をつくりつづけたので、今度は世界最高級の店をつくった。

このビルの九階に「ロイヤルクリスタルサロン」がある。なぜ、銀座にこんな場所をつくったのか。それは混迷する日本を何とか救おうと経済人・政治家の中から憂国の士に集まっていただき、議論を重ねるサロンにしたかったからだ。このサロンにおける最大のテーマが「国家戦略」である。

まもなく日本の経済は破綻する。そうなる前に国家を再建する戦略を立てなければならない。

「天下は一人にして興り、一人にして滅びる」という言葉がある。したがって卓越した国家経営者によって国は変わる。

たとえば長らく〝英国病〟と蔑《さげす》まれた英国を変えたのはサッチャー（元首相）であり、貧困の極みに達した中国を〝社会主義市場経済〟を唱えて発展させたのが鄧小平（元国家副主席、事実上の最高権力者）であり、植民地支配による貧困からシンガポールを経済発展させたのはリー・クアンユー（初代首相）といった指導者だった。日本でもそうしたすぐれた指導者を生み出すことが私の最大の願いだ。

かねてから、この考えを周囲に示していたのだが、実際にサロンをつくったことで

「鳥羽は本気だ」と思われるようになった。

とはいえ、私自身は日本を動かすような特別な人間ではない。本書で再三述べたように、学歴は高校中退である。もともと内向的な性格で、若い頃は赤面対人恐怖症だった。

自分のそんな性格を変えたいと思い、一六歳から社会に出て懸命に働いた。二四歳でドトールコーヒーを設立。それ以来、今年で四六年になるが、夢の実現に向けて懸命に突っ走ってきた。この間には失敗から学び、活動を方向転換したことも数多い。これも本書で述べたとおりである。

学歴コンプレックスがあったので、多くの書物をむさぼるように読み、経営の問題解決を行ってきた。性格のコンプレックスは二〇歳のときに、当時は地球の裏側とされていたブラジルに渡り、現地の人にまじって三年間働いたことで克服できた。こうした自分の欠点を自覚して、多くの経験を重ねたおかげだろうか。物事の本質を、私なりの視点で見抜くようになった。

たとえば日本を代表する大学教授の人たちと、何度かご一緒したこともある。みなさん非常に優秀な方だったが、感じたのは「国家観がない」ことだった。

商売にたとえると、大学は「知識の卸売業」、大学の先生の役割は「知識の小売業」

だと思っている。学生という消費者に対して、知識を小売する。しかし、すべてとは言わないが多くの先生はそこで発想が止まっている。大学や学会といった狭い空間で完結するのではなく、そこから一歩も二歩も進めて、自分の知識が世のため人のために、どう貢献するかを考えていただきたい。

この二年半、懇談した政治家もそうだった。みなさん自分の集票と地位の獲得・維持には熱心だが、国家観に乏しい人が多い。残念ながら活動を支援したいと思う人は、極めて少ない。

最近、都内の高校生数人が、この銀座オフィスを訪ねてきた。彼らから「最初から大きな夢を描いたのですか?」と聞かれた。最初から壮大な夢を描く人もいるが、私の場合は違う。ステップバイステップで、一歩一歩進んできた。

また、私の国家戦略を描く活動を聞き、「鳥羽さんの行うことは、ビル・ゲイツやウォーレン・バフェット(世界有数の富豪で篤志家としても有名)のように、経済的にも成功して、心のゆとりを持ったからこそ見えてくる世界なのですか?」という質問を受けた。

「事業で莫大な富を手にしたゲイツやバフェットクラスになれば、興味の対象が、最後は社会貢献になっていくのだろう。素晴らしいことだと思う」と答えた。

そこまでのスケールには程遠いが、私もドトールコーヒーの上場益で得た資金で銀座にビルを建設し、現状の日本を憂える方々にお集りいただくための憂国サロンをつくり、日本の再建のために役立てたいと考えているのだ。

かつての私は、人から色紙への揮毫《きごう》を頼まれると「努力・忍耐・時」と書いた。現在は書く言葉を変えた。「夢を見、夢を追い、夢をかなえる」である。

最初は小さな夢を見る。それを追い続けて夢がかなったら、またさらにレベルを上げた夢を見る。この繰り返しで人生を歩んできた。

いまの最後の夢は「日本を変える」こと。銀座でのサロン活動はその一環である。かつての「日本の喫茶業を変える」から、ずいぶんスケールが大きくなったが、この実現に向けて全力で取り組んでいる。

これまでも成功するまであきらめず、夢をかなえてきた。前面に立ちはだかる大きな岩を、いつかは動く、いつかは動くと全力で押しつづけた結果、岩が動いた。この壮大な夢が果たせるかどうかは分からないが、いつかは必ず実現すると信じている。

二〇〇八年八月

鳥羽博道

〔著者略歴〕

鳥羽博道（とりば　ひろみち）

昭和12年10月11日生まれ、埼玉県深谷市出身。昭和29年深谷商業高等学校中退。昭和33年ブラジルへ単身渡航（当時20歳）。コーヒー農園等で3年間働いた後、昭和36年帰国。コーヒー会社に勤務するが、昭和37年理想の会社を自分の手で作ろうと独立。有限会社ドトールコーヒー（現 株式会社ドトールコーヒー）を設立する。コーヒー豆の焙煎加工卸業からスタートし、一般の喫茶店・ホテル・レストラン・大手外食産業等への卸業を行うかたわら、昭和47年珈琲専門店「カフェ コロラド」のチェーン展開を開始。昭和55年セルフサービスコーヒーショップ「ドトールコーヒーショップ」を出店、喫茶革命と言われた。その後、昭和60年スパゲティハウス「オリーブの木」、「カフェマウカメドウズ」、平成11年エスプレッソカフェ「エクセルシオール カフェ」と次々に新業態を開発。グループ店舗は合計1479店舗（国内）となる（店舗数は平成20年2月末現在）。

平成17年7月、代表取締役会長に就任。現在、名誉会長。

著書に『ドトールニューマーケット創造の原点』がある。

本書は一九九九年一二月にプレジデント社より刊行された『想うことが思うようになる努力』を文庫化にあたって改題の上、加筆したものです。

日経ビジネス人文庫

ドトールコーヒー
「勝《か》つか死《し》ぬか」の創業記《そうぎょうき》

2008年 9 月 1 日 第1刷発行
2024年 3 月14日 第7刷

著者
鳥羽博道
とりば・ひろみち

発行者
國分正哉

発 行
株式会社日経ＢＰ
日本経済新聞出版

発 売
株式会社日経ＢＰマーケティング
〒105-8308 東京都港区虎ノ門4-3-12

ブックデザイン
鈴木成一デザイン室

印刷・製本
TOPPAN 株式会社

Printed in Japan ISBN978-4-532-19457-4

nbb 好評既刊

よき経営者の姿

伊丹敬之

ただの「社長ごっこ」はもうやめよう。経営戦略研究家として名高い著者が、成功する真の経営者の論理を解き明かす。経営者必読の指南書。

稲盛和夫の経営塾
Q&A 高収益企業のつくり方

稲盛和夫

なぜ日本企業の収益率は低いのか？ 生産性を10倍にし、利益率20％を達成する経営手法とは？ 日本の強みを活かす実践経営学。

アメーバ経営

稲盛和夫

組織を小集団に分け、独立採算にすることで、全員参加経営を実現する。常識を覆す独創的・経営管理の発想と仕組みを初めて明かす。

人を生かす
稲盛和夫の経営塾

稲盛和夫

混迷する日本企業の根本問題に、ずばり答える経営指南書。人や組織を生かすための独自の実践哲学・ノウハウを公開します。

「やる気」アップの法則

太田 肇

一見やる気のない社員も、きっかけさえ与えれば、俄然実力を発揮する！ タイプ別に最も効果的な動機づけ法を伝授する虎の巻。

nbb 好評既刊

R25 つきぬけた男たち

R25編集部＝編

「自分を信じろ、必ず何かを成し遂げるときがやってくる」――。不安に揺れる若者たちへ、有名人が自らの経験を語る大人気連載。

R25 男たちの闘い

R25編集部＝編

カッコいい男たちは、どんなカッコ悪い経験を経てブレイクしたのか。俳優、ミュージシャン、漫画家たちが成功への転機を語る。

伊勢丹な人々

川島蓉子

ファッションビジネスの最前線を取材する著者が人気百貨店・伊勢丹の舞台裏を緻密に描く。伊勢丹・三越の経営統合後の行方も加筆。

ビームス戦略

川島蓉子

セレクトショップの老舗ビームス。創業30年を越えてなお顧客を引きつける秘密は？　ファン必読！　ファッションビジネスが見える！

渋沢栄一 100の訓言

渋澤　健

企業500社を興した実業家・渋沢栄一。ドラッカーも影響された「日本資本主義の父」が残した黄金の知恵がいま鮮やかに蘇る。

nbb 好評既刊

セブン-イレブン 終わりなき革新

田中 陽

愚直なまでの革新によってコンビニという業態を築き上げたセブン-イレブン。商品開発、金融、ネット展開など、強さの秘訣を徹底取材。

ユニクロ vs しまむら

月泉 博

なぜ、この2社だけが強いのか!? 徹底した取材をもとに両社の対極的な戦略を比較。日本発小売りスタンダードの魅力に迫る!

なぜ、伊右衛門は売れたのか。

峰 如之介

失敗の連続から1000億円ブランドへ! 若い開発者たちを決定的に変えた考え方とは? 緑茶飲料「伊右衛門」誕生の舞台裏に密着。

ユナイテッドアローズ 心に響くサービス

丸木伊参

我々が目指すのは優良企業ではない、不滅の商店である――神話となったサービス事例や店員の行動原則を示した理念ブックを紹介。

なぜハーレーだけが売れるのか

水口健次

縮小市場で売上増を実現するには――。20年以上成長を続けるハーレー・ジャパンに肉薄。全業界に通じる成長のドラマを紹介する。